기도에는
실패가 없다

기도에는 실패가 없다

엮은이 편집기획부

초판 1쇄 발행 2021. 11. 3.

발행처 도서출판 브니엘
발행인 권혁선

등록번호 서울 제2006-50호
등록일자 2006. 9. 11.

서울특별시 송파구 백제고분로28길 25 B101호 (05590)
마케팅부 02)421-3436
편집부 02)421-3487
팩시밀리 02)421-3438

ISBN 979-11-90308-58-8 03230

독자의견 02)421-3487
이메일 editorkhs@empal.com

북카페 주소 cafe.naver.com/penielpub.cafe
인스타그램 @peniel_books

도서출판 브니엘은 독자들의 원고를 설레는 마음으로 기다리고 있습니다.
위의 이메일로 간단한 기획 내용 및 원고, 연락처 등을 보내주십시오.

도서출판 브니엘은 갓구운 빵처럼 항상 신선한 책만을 고집합니다.

「 영적 거장들이 말하는 100% 응답받는 기도 」

기도에는
실패가 없다

편집기획부 | 엮음

이 책에서 어떤 단어가 독자들의 생각에 영향을 줄 수 있겠는가! 영적 거장들의 생각을 이해하고 자기 것으로 만들어서 새로운 통찰력을 얻는 것과 지식이 가져다준 즐거움으로 기뻐하는 것만으로는 충분하지 않다. 훨씬 중요한 무언가가 필요하다. 그렇다. 진리에 자신을 굴복시켜야 한다. 그래야 하나님의 뜻에 따라 배우게 될 모든 것을 타협 없는 의지로써 즉시 실행할 준비를 할 수 있다.

기도의 삶과 하나님의 응답을 다루는 이와 같은 종류의 책에서는 우리가 말씀에 따라 깨닫게 되는 모든 것을 받아들이고 순종할 각오가 되어 있는 것이 꼭 필요하다. 이 수용과 순종의 마음가짐이 부족한 채 지식만으로는 더 풍성한 은혜의 삶을 누릴 수 없다.

사탄은 우리 기도시간의 주인이 되려고 갖은 노력을 기울인다. 왜 그런가? 사탄은 우리가 기도에 충실하지 않을 때 삶에서 천국의 자리를 조금씩 잃어가게 된다는 사실을 알기 때문이다. 구원받지 못한 사람들을 주께로 인도하거나 하나님의 자녀를 키워내는 영적 능력은 기도 없는 삶에서는 절대로 흘러나오지 않는다. 그 능력은 오직 꾸준한 기도로부터 나온다.

기도는 특권이자 거룩한 왕의 특권이다. 기도는 의무이자 구속력 있는 피할 수 없는 가장 큰 의무이다. 우리를 거기에 단단히 묶어두어야 하는 의무이다. 그러나 기도는 단순한 특권 이상이며 의무 이상이다. 기도는 수단이자 도구이며 조건이다. 기도하지 않는 것은 단지 고상하고 달콤한 특권을 훈련하고 즐기지 못하는 것보다 훨씬 더 많은 유익을 놓치게 한다. 기도하지 않는 것은 단순히 어떤 의무를 소홀히 여기는 것보다 훨씬 더 중요한 궤도에 오르지 못하게 만든다.

그렇기에 기도는 하나님의 도우심을 얻기 위해 정해진 조건이다. 하나님의 도우심은 하나님의 능력만큼이나 다차원적이고 무한하며, 인간의 필요만큼이나 다양하고 끝없다. 기도는 하나님이 우리의 필요를 공급하시는 대로이다. 기도는 온갖 좋은 것이 하나님으로부터 우리에게 흘러나오는 통로이다. 또한 온갖 좋은 것이 우리로부터 다른 사람에게로 흘러들어가는 통로이다.

우리는 절실히 깨달아야 한다. 하나님의 일은 기도의 법칙 안에서 이루어진다는 사실을. 커다란 은혜는 강력한 기도로부터 찾아온다. 하나님의 계획은 기도하는 사람들의 손길을 통해 이뤄진다. 기도는 하늘에 닿고 땅을 움직인다. 기도하는 사람들은 하나님께서 이 땅에 소유하고 계신 가장 강력한 도구이다. 하나님은 더욱 간절하고 강력한 기도의 손에 응답하시고, 우리를 향한 당신의 지고한 계획을 이루신다. 하나님의 섭리는 기도하는 사람들에게 가장 큰 효과를 나타내면서 움직이게 된다.

여기에 중요하고 강력한 질문이 있다. 당신은 사탄이 얼마간 빼앗아간 믿음의 기도라는 무기를 되찾기 위해 결단할 각오가 되어 있는가? 당신은 이 중대한 문제를 심각하게 생각해야 한다. 하나님의 사람이라면 그가 매일 하늘로부터 오는 힘을 옷 입어야 하는 기도의 사람인지 아닌지에 모든 것이 달려 있다. 기도는 일정한 시간에 정해진 만큼만 드리는 게 아니다. 기도는 우리의 모든 존재를 드리는 것이다. 단지 삶의 일부분만을 드리는 게 아니라 우리 삶의 전부를 올려드리는 것이다. 이것이 바로 가장 큰 열매를 가져오게 하는 기도이다.

그러기 위해서는 단순히 이 책을 읽고 이해하며 깨닫는 것에 그쳐서는 안 된다. 이 책에서 영적 거장들이 기도에 관해 말하는 비밀들을 받아들이는 것에 의미를 두어서는 안 된다. 그보다는 더 심오한 결단이 필요하다. "하나님이 말씀하시면 제가 따르겠습니다. 당신의 뜻이라고 깨달아지는 것은 즉시 받아들이고 그에 따라 행하겠습니다"라는 순종과 헌신이 필요하다. 하나님이 우리 모두에게 헌신하는 심령을 주셔서 우리가 하나님의 말씀에 따라 이 책에서 깨달은 것을 즉시 순종할 수 있기를 바란다.

하나님이 그분의 위대한 은혜로 우리가 서로를 생각하고 도와주는 친교의 띠를 나타내게 해주시고 기도의 싸움에 강하게 하시기를! 그리고 기도의 성자 E. M. 바운즈가 말한 것처럼 "기도에 모든 것이 달려 있다. 오직 기도만이 하나님의 일을 이룰 수 있다. 기도는 하나님의 일을 이루는 가장 강력한 무기다. 다른 모든 것이 실패해도 기도는 실패가 없다. 기도에 힘쓰는 사람은 성공할 수밖에 없고, 기도에 실패하면 모든 것에서 실패한다"라는 사실을 직접 경험하는 놀라운 은혜가 임하시길 원한다.

편집자 올림

Andrew Murray

※ 이 글은 기도와 성령의 사람인 앤드류 머레이의 대표작 「기도가 전부가 되게 하라」 중에서 핵심적인
   부분을 발췌, 재편집한 것이다.

기도가
당신의 삶을
지배하게 하라

*   *   *   *   *

　우리의 삶은 우리의 기도에 지대한 영향을 받는다. 마치 우리의 기도가 우리의 삶에 영향을 주는 것과 같다. 인간의 전 생애는 자신의 필요를 받고 행복하게 되기 위한 자연이나 세상을 향한 끊임없는 기도이다. 이 자연스러운 기도와 갈망은 너무 강하다. 그로 인해 하나님께 기도하는 사람들의 입에서 나오는 기도가 받아들여지지 않을 수 있다. 때때로 하나님은 당신의 입술에서 나오는 기도를 들으실 수 없다. 당신의 마음이 외치는 세상의 욕망이 훨씬 크고 강하게 들리기 때문이다.

　삶은 기도에 막대한 영향력을 행사한다. 세상의 삶과 이기적인 삶은 기도를 무력하게 하며 응답할 수 없게 한다. 많은 그리스도인에게는 삶과 기도 사이에 갈등이 있으며 대부분 삶이 우위를 차지한다. 그러나 기도 역시 삶에 막대한 영향력을 행사할 수 있다. 만약 기도하면서 나 자신을 하나님께 완전히 드린다면 기도로 육신과 죄의 삶을 정복할 수 있다. 삶 전체가 기도의 통제하에 들어갈 수 있다. 기도를 통해 주 예수를 초청하고 삶을 정결하고 거룩하게 하시는 성령의 은혜를 받기 때문에 기도는 전 생애를 변화시키고 새롭게 할 수 있다.

많은 사람이 영적으로 나약한 삶을 살기 때문에 스스로 노력해서 기도를 더 많이 해야 한다고 생각한다. 그들은 영적인 삶이 강해지는 것과 비례해서 기도의 삶이 더해진다는 사실을 이해하지 못한다. 기도와 삶은 불가분의 연결관계이다. 당신은 어떻게 생각하는가? 5분 동안의 기도와 온종일 이 세상의 일들에 매달리는 것 중 어떤 것이 당신에게 더 많은 영향력을 주겠는가?

당신의 기도가 응답되지 않더라도 놀라지 말라. 그 이유는 당신의 삶과 기도가 서로 충돌해서 당신의 마음이 기도하는 것보다 살아가는 것에 더 집중했다는 데서 쉽게 찾아볼 수 있다. 이 위대한 교훈을 배우라. 우리의 기도가 우리의 전 생애를 지배해야 한다. 내가 하나님께 기도로 구하는 것은 5분이나 10분 만에 결정되지 않는다. 우리는 "저는 전심으로 기도했습니다"라고 말하는 법을 배워야 한다. 하나님께 간구하는 것이 진정 온종일 나의 마음을 채워야 한다. 그러면 응답의 길이 열린다.

마음과 삶을 다스리는 기도는 얼마나 거룩하고 강력한가! 그것은 우리로 하여금 하나님과 끊임없이 교제할 수 있게 한다. 그때 우리는 다음과 같이 고백할 수 있다. "주님, 당신을 온종일 바라고 바랍니다." 이제 하나님께 기도하는 시간의 길이뿐만 아니라 우리의 기도가 전 생애를 소유할 만한 능력이 있는지도 주의 깊게 관심을 기울여야 한다.

전심으로 기도하라

우리는 경험을 통해 어떤 일을 하는 데 있어 온 마음을 다하지 않으면 좀처럼 성공하지 못한다는 사실을 알고 있다. 학생이나 선생님, 비즈니스맨, 혹은 군인을 생각해보라. 만약 그들 중 누군가가 자신의 소명에 최선을 다하지 않는다면 성공할 가능성은 낮다. 특히 거룩하신 하나님께 기도하는 높고 거룩한 임무와 항상 그분을 기쁘게 해드리는 영적인 일에서는 더욱 그러하다. 하나님이 다음의 말씀을 강조하신 것도 같은 이유에서다. "너희가 온 마음으로 나를 구하면 나를 찾을 것이요 나를 만나리라"(렘 29:13).

지금까지 수많은 하나님의 종이 "나는 전심으로 당신을 구합니다"라고 말해왔다. 그러나 사실은 그들 가운데 얼마나 많은 그리스도인이 전심으로 하나님을 찾지 않았음이 분명히 드러났는가! 그들이 죄에 빠져 고민할 때는 온 마음으로 하나님을 구하는 것처럼 보인다. 그러나 용서받았다는 생각이 들면 비록 그들의 삶이 신앙을 따르는 것처럼 보일지라도 아무도 그들에 대해 '이 사람은 자기 자신으로 하나님을 따르도록 하는 일에 전심을 다하고 있으며, 그분을 섬기는 일을 인생 최고의 것으로 알고 섬기고 있다'라고 생각하지 않을 것이다.

당신의 경우는 어떤가? 당신의 양심은 무엇이라고 말하는가? 비록 그리스도인으로서 임무를 성실하고도 열심히 완수하기 위해 전심으로 헌신하는 희생을 했다고 할지라도 다음의 사실을 인정할 필요가 있을 것이다. "확신컨대 내가 내 기도생활에 만족하지 않는 원인은 내가 전심으로 굴복하는 삶을 살지 않아 하나님과 교제에 걸림돌이 되었기 때문이다." 이는 우리의 골방 기도에서 얼마나 신중히 고려해야 할 사항이며 하나님께 그 답을 드려야 할 문제인가! 기도하지 않음은 그 자체로서 극복될 수 없다. 그것은 마음의 상태와 긴밀히 연결되어 있다. 진정한 기도는 온전한 마음에서 나온다.

그러나 나 스스로는 "하나님을 전심으로 구했다"라고 말할 수 있는 온전한 마음을 갖출 수 없다. 그렇다. 그것은 당신의 힘으로는 불가능하다. 오직 하나님만이 하실 수 있다. "내가 그들에게 나를 경외하는 마음을 줄 것이다." "내가 나의 율법을 생명의 능력으로서 그들의 마음속에 심어줄 것이다."

이러한 하나님의 약속은 우리의 갈망을 일깨운다. 그 갈망이 아무리 약할지라도 하나님이 우리에게 베푸실 일을 위해 열심히 하고자 하는 진실한 결단만 있다면 그분이 친히 우리 안에서 일하실 것이며 그 일을 이루실 것이다. 우리로 결단하게 하는 것은 내주하시

는 성령의 일이다. 그분은 우리로 하여금 전심으로 하나님을 찾게
하신다.

말씀을 붙잡고 기도하라

조금 기도하고, 말씀을 조금만 보는 것은 영적인 삶에
죽음을 가져온다. 조금 기도하고, 말씀을 많이 읽으면 병든 삶이다.
말씀을 조금 읽고, 많이 기도하면 비록 생명력은 있지만 꾸준하지는
않다. 반면 매일 충분히 말씀을 읽고, 충분히 기도하면 건강하고 능
력 있는 삶을 살 수 있다. 주 예수를 생각해보라. 그분은 소년 시절
과 청년 시절에 마음속에 말씀을 간직해두셨다. 그분의 마음에 하나
님의 말씀이 채워져 있었다는 사실은 광야에서 사탄의 시험을 받으
셨을 때부터 십자가 위에서 죽음을 맞으며 "나의 하나님, 나의 하나
님, 어찌하여 나를 버리셨나이까?"라고 외치셨을 때까지 모든 순간
에 나타났다.

예수님은 기도생활에서 두 가지를 분명히 나타내셨다. 먼저, 말
씀이 우리에게 기도할 제목을 공급하며 우리가 모든 것을 하나님으
로부터 기대하도록 고무시킨다는 것을 보여주셨다. 또한 우리로 하
나님의 모든 말씀이 성취되는 삶을 살 수 있게 하는 것은 오직 기도
뿐임을 보여주셨다. 그렇다면 어떻게 우리가 이 단계에 도달해서 말

씀과 기도가 우리에게 불가분의 영향력을 행사하게 할 수 있는가?

방법은 오직 한 가지이다. 우리의 삶이 완전히 변화되어야 한다는 것이다. 새롭고 건강한 천국의 삶을 살아감으로써 하나님의 말씀과 기도할 때 하나님이 임하시기를 간구하는 갈급함이 마치 우리가 이 땅의 삶에서 필요한 것을 구하는 것과 같이 자연스러워져야 한다. 우리 안에 육체의 모든 힘이 나타나고 영적인 약함이 드러날 때마다 우리는 하나님이 성령의 강력한 역사를 통해 새롭고 강건한 생명을 공급해주실 것이라는 믿음에 이르러야 한다.

그러므로 우리는 성령이 말씀의 영이시며 기도의 영이심을 깨달을 수밖에 없다. 그분의 말씀이 우리 영혼의 기쁨과 빛이 되게 하실 것이다. 또한 우리가 기도로 하나님의 마음과 뜻을 알고 그것으로 인해 기뻐하도록 분명히 도우실 것이다. 사역자로서 우리가 이 진리를 설명하고 하나님의 사람들로 하여금 그들에게 준비된 것을 상속받을 수 있도록 훈련하고자 한다면 지금 이 순간부터 앞으로 영원히 자기 자신을 성령의 인도하심에 맡겨야 한다.

우리는 하나님께서 우리에게 행하실 일들을 믿음으로써 그리스도를 말씀과 기도로 충만하게 하셨던 성령이, 예수님께서 이곳 세상에서 사셨던 영적인 삶을 우리 안에서도 이루실 것을 믿으며 살아야한다. 우리 안에 거하시는 성령은 예수 그리스도의 영이시며 우리가 진실로 그분 삶의 추종자가 되도록 내주하심을 믿자. 진정으로 이 사실을 믿고 그분께 우리의 마음을 드린다면 예전에는 불가능하다고 생각했던 말씀과 기도의 생활이 가능해지는 변화가 일어날 것이다. 이것을 굳게 믿고 분명히 기대하라.

지속적으로 기도하라

초대교회에 한 가지 문제가 생겼다. 그러자 베드로가 말했다. "열두 사도가 모든 제자를 불러 이르되 우리가 하나님의 말씀을 제쳐 놓고 접대를 일삼는 것이 마땅하지 아니하니 형제들아 너희 가운데서 성령과 지혜가 충만하여 칭찬받는 사람 일곱을 택하라. 우리가 이 일을 그들에게 맡기고 우리는 오로지 기도하는 일과 말씀 사역에 힘쓰리라 하니"(행 6:2-4).

그 결과 집사가 세워졌다. 베드로의 이 말은 시대를 막론하고 성직자로 구별된 사람들을 위해 적용되었다. 언젠가 알렉산더 화이트 목사가 말했다. "나는 때때로 내 월급이 너무도 정확하고 확실하게 지급될 때, 집사들이 잘 합의해 맡은 일을 충실하게 행할 때 내가 맡은 일인 기도와 말씀 사역을 충실하게 행하고 있는지 생각해본다." 또 어떤 사역자는 말했다. "내가 기도와 말씀 사역에 시간을 딱 절반씩 균등하게 나누어서 헌신한다고 하면 사람들이 얼마나 놀라겠는가?"

베드로를 통해 기도를 지속한다는 것이 무엇을 의미하는지 잘 살펴보라. 그는 기도하러 지붕에 올라갔다. 거기서 기도하는 가운데 이방인들에게 사역을 지시하시는 하나님의 말씀을 들었다. 거기서 고넬료로부터 온 전갈을 받았다. 거기서 성령이 그에게 말씀하셨다. "일어나서 너를 찾는 세 사람과 함께 가라." 마침내 그는 가이사랴에 갔으며, 성령은 그곳에서 이방인들에게 예상치 못했던 은혜를 부어주셨다. 이 모든 것은 기도를 통해 하나님이 그분의 성령의 지시를 우리에게 가르쳐 주심으로써 우리로 하여금 그분의 뜻을 깨닫게 하시기 위한 것이었다. 또한 우리가 누구에게 말할지 알게 하시고, 성령이 우리를 통해 하나님의 말씀을 강하게 하는 확신을 주신다는 사실을 가르치시기 위한 것이었다.

만약 당신이 사역자라면 왜 월급을 받고 사택에 살며 직업을 가져야 한다는 필요로부터 자유로운지 생각해본 적이 있는가? 그 이유는 그럼으로써 당신이 기도와 말씀 사역을 지속할 수 있기 때문이다. 그것이 당신의 지혜이자 힘이 될 것이다. 그것이 축복된 복음 사역의 비밀이 될 것이다.

가장 중요한 일인 지속적인 기도가 그 올바른 자리, 즉 우선순위에 놓여 있지 않은 가운데 목회자나 성도가 열매 없는 영적생활을 불평하는 것은 놀랄 일이 아니다. 베드로는 성령으로 충만했기 때문에 자신 있게 말하고 행동할 수 있었다. 성령을 우리 삶의 인도자와 주로 진심으로 모시고 성령께 순종하는 것 외에 그 무엇에도 만족하지 말자. 다른 어떤 것도 우리를 도울 수 없다. 그때 비로소 우리는

"하나님이 저를 그분의 성령의 사람으로 만드셨습니다"라고 고백할 수 있다.

기도의 용사들처럼 기도하라

사도 바울을 본받으라

"내가 그리스도를 본받는 자가 된 것같이 너희는 나를 본받는 자가 되라"(고전 11:1). 사도 바울은 기도의 용사가 되기 위해서는 다음과 같이 기도하라고 말한다.

첫째, 바울은 자신의 성도들을 위해 항상 기도했던 사역자였다. 기도하는 마음으로 그의 말을 읽고 성령의 목소리를 들어보자.

"주야로 심히 간구함은 너희 얼굴을 보고 너희 믿음이 부족한 것을 보충하게 하려 함이라. 하나님 우리 아버지와 우리 주 예수는 우리 길을 너희에게로 갈 수 있게 하시오며 또 주께서 우리가 너희를 사랑함과 같이 너희도 피차간과 모든 사람에 대한 사랑이 더욱 많아 넘치게 하사 너희 마음을 굳건하게 하시고 우리 주 예수께서 그의 모든 성도와 함께 강림하실 때에 하나님 우리 아버지 앞에서 거룩함에 흠이 없게 하시기를 원하노라"(살전 3:10-13).

"평강의 하나님이 친히 너희를 온전히 거룩하게 하시고 또 너희의 온 영과 혼과 몸이 우리 주 예수 그리스도께서 강림하실 때에 흠 없게 보전되기를 원하노라"(살전 5:23).

"그러므로 형제들아 굳건하게 서서 말로나 우리의 편지로 가르 침을 받은 전통을 지키라. 우리 주 예수 그리스도와 우리를 사랑하 시고 영원한 위로와 좋은 소망을 은혜로 주신 하나님 우리 아버지께 서 너희 마음을 위로하시고 모든 선한 일과 말에 굳건하게 하시기를 원하노라"(살후 2:15-17).

"내가 그의 아들의 복음 안에서 내 심령으로 섬기는 하나님이 나 의 증인이 되시거니와 항상 내 기도에 쉬지 않고 너희를 말하며 어떻 게 하든지 이제 하나님의 뜻 안에서 너희에게로 나아갈 좋은 길 얻기 를 구하노라. 내가 너희 보기를 간절히 원하는 것은 어떤 신령한 은사 를 너희에게 나누어주어 너희를 견고하게 하려 함이니"(롬 1:9-11).

"이러므로 내가 하늘과 땅에 있는 각 족속에게 이름을 주신 아버 지 앞에 무릎을 꿇고 비노니 그의 영광의 풍성함을 따라 그의 성령 으로 말미암아 너희 속사람을 능력으로 강건하게 하시오며 믿음으 로 말미암아 그리스도께서 너희 마음에 계시게 하시옵고 너희가 사 랑 가운데서 뿌리가 박히고 터가 굳어져서 능히 모든 성도와 함께 지식에 넘치는 그리스도의 사랑을 알고 그 너비와 길이와 높이와 깊 이가 어떠함을 깨달아 하나님의 모든 충만하신 것으로 너희에게 충 만하게 하시기를 구하노라"(엡 3:14-19).

"간구할 때마다 너희 무리를 위하여 기쁨으로 항상 간구함은 너희가 첫날부터 이제까지 복음을 위한 일에 참여하고 있기 때문이라. 너희 안에서 착한 일을 시작하신 이가 그리스도 예수의 날까지 이루실 줄을 우리는 확신하노라. 내가 너희 무리를 위하여 이와 같이 생각하는 것이 마땅하니 이는 너희가 내 마음에 있음이며 나의 매임과 복음을 변명함과 확정함에 너희가 다 나와 함께 은혜에 참여한 자가 됨이라. 내가 예수 그리스도의 심장으로 너희 무리를 얼마나 사모하는지 하나님이 내 증인이시니라. 내가 기도하노라. 너희 사랑을 지식과 모든 총명으로 점점 더 풍성하게 하사 너희로 지극히 선한 것을 분별하며 또 진실하여 허물 없이 그리스도의 날까지 이르고 예수 그리스도로 말미암아 의의 열매가 가득하여 하나님의 영광과 찬송이 되기를 원하노라"(빌 1:4-11).

"나의 하나님이 그리스도 예수 안에서 영광 가운데 그 풍성한 대로 너희 모든 쓸 것을 채우시리라"(빌 4:19).

"이로써 우리도 듣던 날부터 너희를 위하여 기도하기를 그치지 아니하고 구하노니 너희로 하여금 모든 신령한 지혜와 총명에 하나님의 뜻을 아는 것으로 채우게 하시고 주께 합당하게 행하여 범사에 기쁘시게 하고 모든 선한 일에 열매를 맺게 하시며 하나님을 아는 것에 자라게 하시고 그의 영광의 힘을 따라 모든 능력으로 능하게 하시며 기쁨으로 모든 견딤과 오래 참음에 이르게 하시고"(골 1:9-11).

"내가 너희와 라오디게아에 있는 자들과 무릇 내 육신의 얼굴을 보지 못한 자들을 위하여 얼마나 힘쓰는지를 너희가 알기를 원하노니 이는 그들로 마음에 위안을 받고 사랑 안에서 연합하여 확실한 이해의 모든 풍성함과 하나님의 비밀인 그리스도를 깨닫게 하려 함이니"(골 2:1-2).

사도 바울의 복음 사역에서 끊임없는 기도가 얼마나 많은 부분을 차지했는가! 우리는 바울이 성도들을 위한 사역에서 높은 영적인 목표를 가지고 있었으며, 교회와 교회의 필요를 생각할 때마다 온화하고 헌신적인 사랑을 계속해왔음을 볼 수 있다. 하나님이 우리와 말씀의 사역자들에게 기도가 건강하고 자연스러운 표출이 되게 해주시기를 구하자. 우리가 하나님이 우리에게 모범으로 보여주신 사도의 삶을 본받기를 원한다면 성령의 인도하심을 받기 위해 이러한 구절들을 몇 번이고 다시 살펴볼 필요가 있다.

둘째, 바울은 성도들에게 항상 기도할 것을 말했던 사역자였다. 기도하는 마음으로 다음의 말씀들을 묵상해보라.

"형제들아 내가 우리 주 예수 그리스도와 성령의 사랑으로 말미암아 너희를 권하노니 너희 기도에 나와 힘을 같이하여 나를 위하여 하나님께 빌어 나로 유대에서 순종하지 아니하는 자들로부터 건짐을 받게 하고 또 예루살렘에 대하여 내가 섬기는 일을 성도들이 받을 만하게 하고"(롬 15:30-31).

"우리는 우리 자신이 사형 선고를 받은 줄 알았으니 이는 우리로 자기를 의지하지 말고 오직 죽은 자를 다시 살리시는 하나님만 의지하게 하심이라. 그가 이같이 큰 사망에서 우리를 건지셨고 또 건지실 것이며 이 후에도 건지시기를 그에게 바라노라. 너희도 우리를 위하여 간구함으로 도우라. 이는 우리가 많은 사람의 기도로 얻은 은사로 말미암아 많은 사람이 우리를 위하여 감사하게 하려 함이라"(고후 1:9-11).

"모든 기도와 간구를 하되 항상 성령 안에서 기도하고 이를 위하여 깨어 구하기를 항상 힘쓰며 여러 성도를 위하여 구하라. 또 나를 위하여 구할 것은 내게 말씀을 주사 나로 입을 열어 복음의 비밀을 담대히 알리게 하옵소서 할 것이니 이 일을 위하여 내가 쇠사슬에 매인 사신이 된 것은 나로 이 일에 당연히 할 말을 담대히 하게 하려 하심이라"(엡 6:18-20).

"이것이 너희의 간구와 예수 그리스도의 성령의 도우심으로 나를 구원에 이르게 할 줄 아는 고로"(빌 1:19).

"기도를 계속하고 기도에 감사함으로 깨어 있으라. 또한 우리를 위하여 기도하되 하나님이 전도할 문을 우리에게 열어주사 그리스도의 비밀을 말하게 하시기를 구하라. 내가 이 일 때문에 매임을 당하였노라. 그리하면 내가 마땅히 할 말로써 이 비밀을 나타내리라"(골 4:2-4).

"끝으로 형제들아 너희는 우리를 위하여 기도하기를 주의 말씀이 너희 가운데서와 같이 퍼져 나가 영광스럽게 되고"(살후 3:1).

그리스도의 몸의 각 지체 간의 조화됨과 서로 간의 관계에 대해 바울이 얼마나 깊은 통찰력을 지녔는가! 우리가 성령이 우리 안에서 능력 있게 역사하시기를 허락한다면 그분은 우리에게 이 진리를 드러내실 것이며 우리 또한 바울과 같은 통찰력을 갖게 될 것이다. 참으로 바울은 그리스도인들 사이의 영적인 삶을 잘 보여주지 않는가! 그는 이것을 로마와 고린도, 에베소, 골로새, 빌립보 등에서 일깨워 주었다. 그 결과 그곳의 성도들은 하늘에 도달하는 능력 있는 기도로 하나님을 의존할 수 있었다.

모든 사역자도 그리스도의 몸이 하나 됨을 진정으로 인정한다면 이것은 그들에게 얼마나 큰 교훈이 될 것인가! 그들이 그리스도인들을 중보 기도자로 훈련하는 일에 노력을 기울이도록 구하라. 바울 자신이 성도들을 위한 기도에 열중했기에 그가 이러한 믿음을 갖고 있었음을 사역자들이 진정으로 이해하기를 구하라. 함께 이 가르침을 배우고, 사역자와 성도들이 함께 기도의 은혜 안에서 자라고, 그들의 모든 섬김과 그리스도인의 삶이 기도의 영으로 다스려진다는 사실의 증거가 되게 하시는 하나님을 구하라. 그때 우리는 하나님이 밤낮으로 자신에게 부르짖는 그분의 택한 백성들의 간구를 들어주신다는 확신을 하게 될 것이다.

30만 명의 영혼을 구원한 조지 뮬러의 기도

하나님은 우리에게 기도의 삶에 관한 모범으로 사도 바울을 보여주셨다. 또한 얼마나 놀라운 방법으로 기도를 들으시는지를 교회에 가르쳐주시기 위한 증거로 조지 뮬러를 주셨다. 하나님은 조지 뮬러가 평생 보육원을 운영할 수 있도록 수백만 파운드를 주셨을 뿐만 아니라 뮬러의 고백에 의하면 기도에 대한 응답으로 그에게 30만 명이 넘는 영혼을 주셨다. 그들 가운데에는 고아뿐만 아니라 그가 매일 신실하게, 때로는 50년 넘게 구원받으리라고 굳게 믿으며 기도해온 수많은 사람이 포함되었다. 누군가 조지 뮬러에게 무슨 근거로 그런 굳은 믿음을 가질 수 있었는지를 물었다. 그의 대답은 이러했다.

"제가 언제나 충족시키려고 애쓰는 다섯 가지 조건이 있습니다. 이것들을 준수함으로써 저는 제 기도의 응답을 의심치 않았습니다.

첫째, 저는 주님이 모든 사람이 구원을 받고 하나님을 아는 지식에 이르기를 원하신다("하나님은 모든 사람이 구원을 받으며 진리를 아는 데에 이르기를 원하시느니라"(딤전 2:4))고 믿기 때문에 주님이 그들을 구원하실 것이라는 확신을 조금도 의심하지 않았습니다. 또한 우리가 무엇이든지 구하는 바를 들으시는 줄("그를 향하여 우리가 가진 바 담대함이 이것이니 그의 뜻대로 무엇을 구하면 들으심이라"(요일 5:14))을 확신했습니다.

둘째, 저는 절대로 저의 이름으로 그들의 구원을 간구하지 않았습니다. 다만 귀하신 예수 그리스도의 복된 이름과 그분의 공로를 의지했습니다("내 이름으로 무엇이든지 내게 구하면 내가 행하리라"(요 14:14)).

셋째, 저는 항상 하나님이 저의 기도를 듣기 원하심을 굳게 믿었습니다("그러므로 내가 너희에게 말하노니 무엇이든지 기도하고 구하는 것은 받은 줄로 믿으라. 그리하면 너희에게 그대로 되리라"(막 11:24)).

넷째, 저는 항상 어떤 죄도 범하지 않으려고 힘썼습니다. 제가 마음에 죄악을 품으면 주님이 듣지 않으시기 때문입니다("내가 나의 마음에 죄악을 품었더라면 주께서 듣지 아니하시리라"(시 66:18)).

다섯째, 저는 때로 응답이 올 때까지 52년이 넘게 믿음으로 기도를 지속했습니다. 하나님이 자신에게 밤낮 부르짖는 택하신 자들의 원한을 당연히 갚아주지 않으시겠습니까?"

위의 다섯 가지 조건을 마음에 새기고 그 방법에 따라 기도하라. 기도할 때 당신이 원하는 것만을 말하지 말고 당신의 기도가 상달되고 있다는 것을 믿음으로 깨달을 때까지 하나님과 교제하라. 조지 뮬러가 걸었던 길은 모든 사람에게 열려 있는 은혜의 보좌로 향하는 새롭고 산 길이다(조지 뮬러의 기도생활에 관해 더 자세히 알고 싶다면 「조지 뮬러의 기도」라는 책을 읽어보라).

1천 명의 선교사를 탄생시킨 허드슨 테일러의 기도

허드슨 테일러가 청년 시절에 자신을 하나님께 주저함 없이 드렸을 때 하나님이 그를 중국으로 보내실 것이라는 강한 확신을 느꼈다. 그는 조지 뮬러의 전기를 읽고 하나님이 뮬러와 고아들의 필요를 위한 기도에 어떻게 응답하셨는지 알았다. 그는 자신도 뮬러처럼 하나님을 믿게 해달라고 기도하기 시작했다. 하지만 그런 믿음을 가지고 중국에 가기 위해서 먼저 영국에서 그런 믿음으로 살아야 한다고 느꼈다. 그는 하나님께 이것을 가능하게 해달라고 구했다.

당시 그는 어떤 의사의 보조로 일했다. 그 의사는 마음씨는 좋은 사람이었으나 임금을 매우 불규칙적으로 지급했다. 이것은 조지 뮬러처럼 "아무에게도, 아무 빚도 지지 말라"는 말씀을 믿었던 그에게 매우 큰 문제이자 골칫거리였다. 그는 이 말씀이 실제로 이루어져 자신이 빚을 지지 않기를 바랐다. 그래서 자신이 먼저 임금 지급을 요구하기 전에 하나님이 그 의사의 마음을 움직이셔서 제날짜에 급여를 받게 해주시기를 구했다.

그 일로 인해 허드슨 테일러는 하나님을 통해 사람들을 움직이는 방법을 배웠다. 이 심오한 배움은 후에 중국에서의 사역에 놀랍도록 큰 축복이 되었다. 그는 중국인들이 거듭날 것을 믿었고 그리스도인들이 각성해서 선교 사역을 뒷받침할 후원금을 낼 것을 믿었다. 또한 믿음의 법으로 우리의 필요를 하나님께 기도로 구하며 주님이 원하시는 대로 사람들을 움직여 주시도록 하나님을 의지하는 신실한 선교사들을 찾을 수 있으리라고 믿었다.

허드슨 테일러는 중국에서 몇 년을 보낸 후에 각각 수백만이 넘는 영혼이 있지만 선교사는 없는, 중국 11개의 성과 몽골에 2명씩, 모두 24명의 선교사를 보내주시기를 하나님께 기도했다. 하나님은 그의 기도에 응답하셨다. 하지만 그들을 파송할 단체가 없었다. 그는 정말로 하나님이 자신의 필요를 채우신다고 믿었지만 그 24명을 용기 있게 혼자서 책임질 각오는 되어 있지 않았다. 그에게는 그들이 충분한 믿음을 가지고 있지 않을 수도 있다는 두려움이 있었다. 그로 인해 그는 심하게 갈등하고 매우 쇠약해졌다.

하지만 마침내 하나님이 자신을 돌보신 것처럼 그 24명도 틀림없이 돌보실 수 있음을 깨달았다. 그때부터 그는 그 책임을 기쁨으로 감당했다. 하나님은 수많은 믿음의 혹독한 시험을 통해 그를 인도하셨고 주를 완전히 신뢰하게 하셨다.

시간이 지나자 24명이 늘어나서 하나님의 도우심을 완전히 의지하는 천 명의 선교사들이 되었다. 후에 다른 선교단체들도 "믿음은 하나님이 사람들을 움직여서 그분의 자녀가 기도로 아버지께 구해야 할 것들을 할 수 있게 할 것이다"라는 법칙을 되뇌었고, 순종했던 테일러로부터 많은 가르침을 받게 되었음을 인정하게 되었다.

매일 기도의 삶으로 예수님을 따르라

주님은 "나를 따르라"는 말씀을 그분을 믿거나 그분께 복을 받기 원하는 모든 사람에게 하지 않으시고 오직 사람 낚는 어부가 되게 하실 그분의 제자들에게만 하셨다. 주님은 처음으로 제자들을 부르실 때만 이 말씀을 하신 것이 아니라 후에 베드로를 부르실 때도 하셨다. "이제부터 너는 사람을 낚으리라." 영혼을 구하고 그들을 사랑하고 구원에 이르게 하는 거룩한 기술은 그리스도와 가깝고 지속적인 교제를 통해서만 배울 수 있다. 이것은 사역자와 그리스도를 믿는 직업인과 다른 모든 사람에게 얼마나 훌륭한 교훈인가! 이 친밀한 관계는 주님의 제자들에게 위대하고 특별한 특권이었다. 주님은 제자들로 항상 자신과 함께 있게 하고 가까이에 두시려고 선택하셨다.

우리는 마가복음 3장 14절에서 주님이 열두 제자들을 택하신 내용을 읽을 수 있다. "이에 열둘을 세우셨으니 이는 자기와 함께 있게 하시고 또 보내사 전도도 하며." 또한 잡히시기 전날 밤에는 다음과 같이 말씀하셨다. "너희도 처음부터 나와 함께 있었으므로 증언하느니라"(요 15:27). 다른 사람들도 이 사실에 주목했다. 예를 들어 대제사장 집의 한 여종은 베드로에게 다음과 같이 말했다. "이 사람도 그와 함께 있었도다." 산헤드린에서도 마찬가지였다. "그들이 예수와 함께 있었다." 그리스도의 증인이 될 사람의 가장 중요한 특징이자 필수적인 요건은 그가 그리스도와 함께 있다는 사실이다.

그리스도와 지속적인 교제는 성령의 사람들을 훈련하는 유일한 학교이다. 모든 성도에게 이는 얼마나 중요한 가르침인가! 갈렙처럼 주를 온전히 좇았던 자만이 예수님을 따르는 다른 영혼들에게 도를 가르칠 수 있다. 예수님이 친히 우리로 그분을 닮아가도록 훈련하시고, 다른 사람들이 우리에게 배우기를 원하신다는 것은 얼마나 큰 은혜인가! 그때 우리는 우리의 회심에 관해 바울처럼 말할 수 있을 것이다. "너희는 우리와 주를 본받는 자가 되라!" "나도 그리스도를 따르니 너희는 나를 따르라!"

어떤 스승도 예수님이 우리와 함께하시고 그 말씀을 전해주시는 것처럼 그렇게 함께하며 제자들의 문제를 떠맡은 적이 없다. 주님은 어떤 고통도 감내하려고 하셨다. 그분께는 어떤 시간도 너무 제한적이거나 너무 길지 않을 것이다. 주님은 그분을 십자가로 이끈 사랑 안에서 우리와 교제하고 대화하기를 원하신다. 우리를 변화시키고 거룩하게 하고 그분의 거룩한 사역에 적합하게 만들기를 원하신다.

그럼에도 감히 우리가 여전히 기도에 그토록 많은 시간을 보내는 것이 무리라고 말할 수 있을까? 우리를 위해 모든 것을 포기하신 그 사랑에 자신을 완전히 헌신하고, 날마다 주와 사귐을 갖는 것을 최고의 행복으로 여기지 않겠는가? 오, 하나의 축복을 원하는 모든 성도여! 주님은 당신과 함께 있기를 원하신다. 이것을 인생 최고의 기쁨으로 삼으라. 이것은 당신의 삶에 축복을 받기 위한 가장 확실한 준비이다.

조금 기도하고, 말씀을 조금만 보는 것은
영적인 삶에 죽음을 가져온다.
조금 기도하고, 말씀을 많이 읽으면 병든 삶이다.
말씀을 조금 읽고, 많이 기도하면
비록 생명력은 있지만 꾸준하지는 않다.
반면 매일 충분히 말씀을 읽고, 충분히 기도하면
건강하고 능력 있는 삶을 살 수 있다.

Section

02

E. M. Bounds

※ 이 글은 기도의 성자라 불리는 E. M. 바운즈의 대표작 「간절함 : 기도가 응답되는 바로 그 순간」 중에
서 핵심적인 부분을 발췌, 재편집한 것이다.

성령이 없는
기도는
무의미하다

성령이 없는 기도는 헛되고 헛되다

성령이 없는 기도는 헛되고 헛되며 부정적이다. 성령의 은사는 예수 그리스도의 구속사역에서 필수적이었다. 성령께 기름 부으심을 받을 때까지 예수님이 지상사역을 시작하지 않으셨던 것처럼 성령은 하나님의 아들이 기름 부으시는 사역을 진척시키고 효과적으로 만들기 위해서도 반드시 필요했다. 세례를 받으실 때 성령께 기름 부으심을 받은 것이 예수님의 생애에 신기원을 열었던 것처럼 오순절에 성령의 임하심도 구속사역에서 그리스도의 교회가 감당하는 사역을 효과적으로 만드는 거대한 신기원을 이루게 된다.

성령은 기독교 시대, 목회자와 교사 및 인도자를 위한 밝은 등불일 뿐만 아니라 신성한 조력자시다. 성령은 하나님의 행하심을 새롭게 널리 전파하는 것을 가능하게 하는 대리자시다. 조종사가 비행기를 조종하기 위해 조종석에 자리 잡고 있는 것과 마찬가지로 성령은 우리 마음속에 내주하셔서 우리 마음의 온갖 노력을 인도하고 권능을 부어주신다. 성령은 인간의 영에 임하여 통치하심으로써 그 사람을 통해 온전한 복음을 실행하신다.

예수 그리스도의 기름 부으시는 사역을 실행하는 과정에서, 그 사역을 종합적이고 좀 더 포괄적으로 진행하는 과정에서, 또한 그 사역을 섬세하게 개인적으로 적용하는 과정에서 성령은 절대적이고 없어서는 안 되는 유일하고도 유능한 대리자셨다.

복음은 성령 없이 실행될 수 없다. 오직 성령만이 이처럼 당당한 왕의 일을 감당하는 왕권을 소유하게 된다. 어떤 지식도 복음사역을 감당할 수 없으며, 또한 어떤 학식도, 어떤 웅변도, 어떤 진리도, 심지어 어떤 계시된 진리도 복음사역을 감당할 수 없다. 성령의 기름 부으심을 받지 않은 심령들이 그리스도의 생애에 관한 기적적인 놀라운 사실을 전해준다면 아주 무미건조하고 빈약하거나, 마치 백치가 들려주는 이야기처럼 아무 의미 없는 소리로 가득할 것이다. 아무리 소중한 피를 흘려도 복음사역을 감당할 수 없을 것이다. 이 모든 것 가운데 어느 것도, 또한 이 모든 것을 다 합쳐도, 비록 천사의 지혜나 웅변을 더하더라도 구원의 능력을 가진 복음사역을 감당할 수 없을 것이다. 오직 성령으로 불붙은 입술만이 다른 사람들을 구원하는 능력을 가진 그리스도의 구원하시는 능력을 증거할 수 있다.

성령께서 세례의 능력을 가지고 임하실 때까지 어느 누구도 거리를 따라 복음의 메시지를 선포하거나 전하기 위해 예루살렘에서부터 저 땅끝에 이르기까지 죽어가는 무리들에게로 감히 움직이지 못했다. 비록 예수님의 품에 머리를 대고 예수님의 심장 소리를 들었을지라도, 비록 머리에는 자기 입술로 내뱉은 예수님의 생애에 대한 경이로운 사실과 말씀으로 가득했을지라도 요한은 단 한마디도 복음을 전할 수 없었다. 오직 요한은 자신에게 임한 이 모든 것보다 더 충만하고 풍성한 능력을 부여받을 때까지 기다려야 했다. 비록 예수님을 양육했으며, 거룩하고 그 마음과 생각에 어머니의 자애롭고 거룩한 추억이 가득 쌓여 있을지라도, 성령으로 말미암아 능력을 부여받을 때까지 마리아도 요한의 집에서 보여주었던 예수님의 삶을 넘어서서 살아갈 수는 없었다.

성령님의 임재는 기도에 의존한다

성령의 임하심은 기도에 의존한다. 오직 기도만이 이와 같은 하나님의 인격이 내주하시는 데 필요한 권위와 영역을 요구할 수 있다. 심지어 예수님도 이와 같은 기도의 법칙에 종속되셔야 했다. 그 덕분에 "구하라. 그리하면 너희에게 주실 것이요 찾으라. 그리하면 찾아낼 것이요 문을 두드리라. 그리하면 너희에게 열릴 것이니 구하는 이마다 받을 것이요 찾는 이는 찾아낼 것이요 두드리는 이에게는 열릴 것이니라"(마 7:7-8)는 말씀이 가능했고, 지금까지 가능했으며, 앞으로도 가능할 것이다.

예수님은 이토록 절망적인 제자들에게 이렇게 말씀하셨다.

"내가 아버지께 구하겠으니 그가 또 다른 보혜사를 너희에게 주사 영원토록 너희와 함께 있게 하리니 그는 진리의 영이라. 세상은 능히 그를 받지 못하나니 이는 그를 보지도 못하고 알지도 못함이라. 그러나 너희는 그를 아나니 그는 너희와 함께 거하심이요 또 너희 속에 계시겠음이라"(요 14:16-17).

성령에 대한 이와 같은 기도법칙은 스승뿐만 아니라 제자들에게도 강조된다. 하나님의 많은 자녀들에게 진실로 이렇게 말씀하셨을지도 모른다. "너희가 구하였기 때문에 성령이 너희에게 있는 것이 아니다." 또한 수많은 다른 사람들에게 이렇게 말씀하셨을지도 모른다. "너희가 낙심한 채로 성령을 달라고 기도한 탓에 낙심할 만큼 성령이 임하게 된다."

성령은 모든 은혜의 영이며, 각 사람에게 임하는 영이기도 하다. 순결함, 능력, 거룩함, 믿음, 사랑, 기쁨, 모든 은혜는 성령으로 인해 존재하게 되며 온전하게 된다. 특별히 은혜 안에서 자라나고 싶은가? 모든 은혜 안에서 온전해지고 싶은가? 만약 그렇다면 우리는 기도로 성령을 구해야 한다.

우리는 성령을 구하는 일에 열심이어야 한다. 우리에게는 성령이 필요하며, 성령을 구하는 일에 우리 자신을 고취시킬 필요가 있다. 우리가 성령 충만을 받는 정도는 성령을 찾는 열정과 간절한 기도로 측량될 수 있다. 하나님을 위해 일하는 능력, 하나님께 기도하는 능력, 하나님을 위해 살아가는 능력, 하나님을 위해 다른 사람들에게 영향을 미치는 능력은 우리가 받은 성령, 우리 안에 내주하시는 성령, 우리를 통해 일하시는 성령의 정도에 따라 달라진다.

예수님은 모든 하나님의 자녀를 위해 이와 같은 점에서 명확하고 뚜렷한 기도법칙을 제시하신다. 하나님의 눈으로 죄책감을 느끼게 되고, 그렇게 느끼게 만들기 위해 죄에 대하여, 의에 대하여, 심판에 대하여 깨닫게 하는 성령이 세상에 필요하다. 그리고 죄인들에게 이와 같은 자각의 영은 하나님의 백성들이 올려드리는 기도에 대한 응답으로 찾아온다. 하나님의 자녀들에게는 점점 더 많은 성령이 필요하며, 성령의 생명, 더욱 풍성한 성령의 생명, 차고 넘치도록 풍성한 성령의 생명이 필요하다.

그러나 이와 같은 삶은 하나님의 자녀가 성령을 달라고 기도할 때 처음으로 시작되고 점점 더 늘어나게 된다. "너희가 악할지라도 좋은 것을 자식에게 줄줄 알거든 하물며 너희 하늘 아버지께서 구하는 자에게 성령을 주시지 않겠느냐"(눅 11:13). 이것은 약속으로 말미암아 밝게 빛나는, 그리고 관계로 말미암아 달콤해지는 법칙이자 조건이다.

성령의 선물은 하나님 우편에 앉아계신 그리스도의 영광스러운 임재로부터 우리에게 흘러내려오는 여러 가지 혜택 가운데 하나이며, 보좌에 앉으신 그리스도의 다른 모든 선물과 함께 이와 같은 성령의 선물은 그 전제 조건인 기도로써 우리에게 확실히 보장된다. 일반적인 원리와 명확하고 일관된 암시뿐만 아니라 명시적인 진술을 통해 성경은 성령을 선물로 받는 것이 기도와 관련되어 있으며, 기도를 전제 조건으로 한다는 사실을 우리에게 명확히 가르쳐주고 있다. 하나님께서 이 세상에 계신 것과 마찬가지로 성령께서 이 세상에 계신다는 것 역시 사실이다.

성령은 오순절 이전에도 이 세상에 계셨는데, 그 당시에는 그분을 찾고 기도하는 정도에 따라 그분의 운행하심에 알맞은 정도로 이 세상에 머물러 계셨는데, 그와 같은 원리는 여전히 변하지 않았다. 그렇기에 만약 우리가 성령을 달라고 기도할 수 없다면 우리는 하나님께 어떤 좋은 것을 달라고 기도할 수 없다. 왜냐하면 성령은 우리에게 모든 좋은 것의 결정체이기 때문이다. 그리스도를 찾아다니는 것과 마찬가지로 우리가 강력한 부르짖음과 눈물로 하나님을 찾아다니는 것만큼 성령을 찾아다녀야 한다는 것도 사실이다. 어떤 정해진 만남에서 성령님의 임재와 권능은 기도하는 믿음을 전제 조건으로 삼는다는 것도 사실이다. 그러므로 우리는 언제나 성령의 선물, 능력, 은혜를 점점 더 많이 찾아다녀야 한다.

예수님은 성령을 받기 위해서는 기도를 전제 조건으로 삼아야 한다는 가르침을 제시하면서 그분 자신이 이와 같은 우주적인 법칙을 구체적으로 예증하셨다. 왜냐하면 성령이 세례를 받는 예수님께 임하셨을 때 그분은 기도하고 계셨기 때문이다. 현재 활동 중인 사도적인 교회는 그와 같은 훌륭한 진리를 구체적으로 예증하고 있다.

오순절 며칠 후, 제자들은 몸부림치면서 기도하고 있었다.

"그들이 기도를 마치니 그들이 모여 있는 곳이 흔들리고 그들은 모두 성령으로 충만해서 하나님의 말씀을 담대히 말하게 되었다"(행 4:31 새번역).

이 사건은 오순절 이후에 성령의 임하심과 다시 임하시는 조건으로써 기도를 부인하는 모든 이론을 무너뜨리면서 오랜 기도 싸움의 결과로써 도래한 오순절이라는 하나님의 가장 크고 소중한 선물이 구하고 찾고 두드리는 기도, 뜨겁고 끈질긴 기도를 조건으로 삼는다는 사실을 예증하고 확증한다는 관점을 확인해준다.

그와 같은 사실은 사마리아에서 빌립이 새 사람이 된 사건을 통해 매우 두드러지게 전면에 등장하게 된다. 비록 예수 그리스도를 믿음으로 말미암아 기쁨으로 충만하게 되었지만, 설령 물로 세례를 받음으로써 교회 안으로 받아들여지게 되었지만 베드로와 요한이 거기로 내려가 그 사람들과 함께 그 사람들을 위해 기도할 때까지

이 사람들은 여전히 성령을 받지 못했다.

기도의 능력은 성령의 능력으로 측량된다

성령님은 기도하는 우리에게 스승이자 영감을 불어넣는 분이요, 계시하시는 분이다. 그뿐만이 아니라 우리의 기도 능력은 하나님의 선하신 기쁨을 따라 이루어지는 하나님의 뜻과 일로써 우리 안에서 역사하시는 성령의 능력으로 말미암아 측량될 수 있다. 에베소서 3장에서 교회를 위한 바울의 놀라운 기도 이후에 바울은 사람들이 자신의 엄청난 요구가 하나님의 능력을 넘어서는 일이라고 생각할지 모른다는 사실을 충분히 알아채고 있는 것처럼 보였다. 그래서 바울은 다음과 같은 말로 그 사람들에 대한 자신의 호소를 마무리하고 있다. 하나님은 "우리 가운데서 역사하시는 능력대로 우리가 구하거나 생각하는 모든 것에 더 넘치도록 능히 하실 이"(엡 3:20)라는 것이다.

우리를 위해 행하시는 하나님의 능력은 우리 안에 있는 하나님의 능력으로 말미암아 측량될 수 있다. "우리 가운데서 역사하시는 능력대로"라는 말은 "우리 가운데서 일하시는 능력을 따라"라는 뜻이다. 기도의 능력을 겉으로 표출시키는 것은 우리 안에 있는 하나님의 능력을 분출하는 것이다. 우리 안에서 하나님이 제대로 운행하지 못하시게 되면 자연히 제대로 기도하지 못하는 결과를 초래하게 된다. 우리 안에서 하나님이 가장 강력하게 운행하시게 되면 자연히 가장 강력한 기도가 가능해진다. 기도하지 않는 삶에 숨어 있는 비밀은 그 안에 성령의 역사하심이 없다는 것이다. 어디에서나 연약한 기도의 비밀은 강력하게 일하시는 하나님의 성령이 계시지 않다는 것이다.

우리의 기도에 응답하시고, 우리의 기도를 통해 일하시는 하나님의 능력은 하나님이 성령을 통해 우리 안에 불어넣을 수 있는 신성한 에너지로 말미암아 측량될 수 있다. 기도의 능력을 표출하는 것은 우리 안에 계신 성령님의 척도이다. 그러므로 야고보서 5장에 등장하는 사도 야고보의 진술도 이와 같은 취지이다.

"믿음의 기도는 병든 자를 구원하리니 주께서 그를 일으키시리라. 혹시 죄를 범하였을지라도 사하심을 받으리라. 그러므로 너희 죄를 서로 고백하며 병이 낫기를 위하여 서로 기도하라. 의인의 간구는 역사하는 힘이 큼이니라"(약 5:15-16).

성령님의 전능하신 에너지로 말미암아 심령 안에서 역사하는 기도는 엘리야의 기도가 그랬던 것처럼 결과에 있어서 강력하게 역사한다. "엘리야는 우리와 성정이 같은 사람이로되 그가 비가 오지 않기를 간절히 기도한즉 삼 년 육 개월 동안 땅에 비가 오지 아니하고 다시 기도하니 하늘이 비를 주고 땅이 열매를 맺었느니라"
(약 5:17-18).

효력 있게, 강력하게 기도하고 싶은가? 그렇다면 성령께서 우리 안에서 효력 있고 강력하게 역사하셔야 한다. 바울은 보편적으로 적용할 수 있는 원리를 제시한다.

"이를 위하여 나도 내 속에서 능력으로 역사하시는 이의 역사를 따라 힘을 다하여 수고하노라"(골 1:29).

우리 안에서 역사하시는 성령님에게서 솟아나지 않는 그리스도를 위한 모든 수고는 이치에 맞지 않을뿐더러 무익하다. 성령께서 우리 안에서 역사하지 않았으며, 그분의 영광스러운 일을 우리 안에서 역사할 수 없기 때문에 우리의 기도와 여러 가지 활동은 너무나 미약하고 별다른 성과를 거두지 못한다. 강력한 성과를 내도록 기도하고 싶은가? 그렇다면 당신 자신의 영 안에서 먼저 성령의 강력한 역사가 이루어지도록 간구하라.

오순절에 마음껏 결실을 맺기까지 충분히 확장되었던 성령을 위한 기도에 관한 최초의 교훈이 여기 우리에게 있다. 요한복음 14장 16절에서 예수님이 제자들과 함께 머물면서 하나님 아버지께 제자들 안에 내주하실 또 다른 보혜사를 보내달라고 기도하기 위해 애쓰던 때를 주목해보아야 한다. 그런데 이것은 중생을 통해 우리를 하나님의 자녀로 삼는 과정에서 성령께서 그분의 역사를 이룰 수 있도록 해달라는 기도가 아니다. 오히려 하나님의 자녀인 우리의 관계 덕분에 우리가 얼마든지 요구할 수 있는 더욱 충만한 성령의 은혜와 능력과 인격을 부어달라는 기도였다.

우리를 하나님의 자녀로 삼기 위해 우리 안에서 이루어지는 성령의 역사와 하나님의 자녀인 우리와 더불어 우리 안에 머물러 계시는 성령님의 인격은 우리와 그분의 관계 속에서 동일한 성령의 전혀 다른 양상이다. 이와 같은 후자의 역사에서 성령의 은사와 역사가 훨씬 더 크다. 성령의 임재, 심지어 그분 자신은 그분의 역사와 은사보다 훨씬 더 크다. 우리 안에서 성령의 역사하심은 그분 자신을 위해 우리를 준비시키신다. 성령의 은사는 그분의 임재를 베풀어주시는 것이다. 성령님은 그분의 역사하심을 통해 우리를 그리스도의 몸에 속한 지체로 삼고 붙여주신다. 성령은 그분의 임재와 인격을 통해 그 몸 안에서 우리를 지켜주신다. 성령은 그분의 은사를 통해 그 몸의 지체로서 감당해야 할 기능들을 쏟아낼 수 있도록 우리에게 능력을 부여하신다.

전체적인 교훈은 모든 기도의 가장 커다란 목표 지점으로써 성령을 구하는 데서 절정에 이른다. 산상수훈의 가르침에서 우리는 아주 분명하고 명확한 약속을 받는다.

"너희가 악한 자라도 좋은 것으로 자식에게 줄줄 알거든 하물며 하늘에 계신 너희 아버지께서 구하는 자에게 좋은 것으로 주시지 않겠느냐"(마 7:11).

누가복음에서는 "좋은 것"이 "성령"으로 대체된다. 모든 좋은 것이란 성령 안에서 이해될 뿐만 아니라 성령이야말로 모든 좋은 것의 결정체이자 절정이다.

우리 안에 거하시는 보혜사, 우리를 거룩하게 성별하시는 분, 우리에게 능력을 부어주시는 분으로서 성령의 은사를 얻는 것에 관한 인간의 온갖 가르침은 얼마나 복잡하고 혼란스럽고 뒤얽혀 있단 말인가! 반면에 그냥 "구하라"는 우리 주님의 가르침은 얼마나 단순하고 직접적이란 말인가! 이것은 분명하고 직접적이다. 절박하고 용감하게 구하라. 성령께서 임할 때까지 구하고 찾고 두드려라. 당신이 성령을 구하면 하늘에 계신 하나님 아버지께서는 확실히 당신에게 성령을 보내주실 것이다. 성령을 받도록 주님 안에서 기다려라. 하나님 아버지의 가장 커다란 선물이자 자녀의 가장 커다란 필요인 성령을 달라는 것은 어린아이 같은 기다림, 간구, 재촉, 기도를 통해 이루어진다.

믿음으로 구하는 사람들에게 너무나 자유롭게 약속된 성령을 과연 우리는 어떻게 받아야 하는가? 우리는 아무런 두려움을 모르는 믿음, 아무런 의심을 허락하지 않는 믿음, 불신앙으로 말미암아 약속에 흔들리지 않는 믿음, 소망을 거스르는 가장 어둡고 침울한 시간에도 소망 가운데 신뢰하는 믿음, 소망으로 말미암아 밝게 빛나며 더욱 강해지는 믿음, 소망을 통해 구원되는 믿음으로 말미암는 온갖 평온함과 열정을 가지고 기다리며, 간청하고 인내해야 한다.

그러므로 기다리면서 기도하라. 여기에 절망의 모든 요새를 열어젖히는 동시에 하나님의 온갖 보물 창고를 활짝 열어주는 열쇠가 있다. 이 세상 부모에게 알려진 모든 것을 무한정 뛰어넘는 거대하고, 관대하고, 유쾌한 마음으로 허락해주시는 이유는 하나님 아버지께 어린아이처럼 구하는 단순함 때문이다. 성령을 구하라. 성령을 찾으라. 성령을 두드려라. 성령은 자녀의 가장 커다란 필요에 대한 하나님 아버지의 가장 큰 선물이다.

예수님이 우리에게 전하신 "구하고, 찾고, 두드리라"는 이 세 마디 말씀을 통해 우리는 끈질기게 노력하면서 전진하는 단계를 반복해야 한다. 예수님은 가장 강력한 방법으로 이 명령과 약속 안에 그분 자신을 내주신다. 만약 우리가 기도에 우리 자신을 내주면서, 끈기 있게 기도하는 가운데 점점 더 높고 강한 태도로 올라가는 동시에, 점점 더 깊은 세기와 노력으로 나아간다면 응답이 반드시 찾아올 수밖에 없다는 사실을 우리에게 보여주신다. 그러니까 이처럼 구하고 찾고 두드리는 과정에서 필요하고 원하는 것을 얻지 못할 경우에는 아무리 반짝이는 별들이라도 제대로 빛을 발하지 못하리라는 것은 언제나 당연한 사실이다.

여기에는 미리 선택된 자들이 없다. 낙심하지 않고 믿음이 약해지지 않게 끈기 있게 기도하는 선택받은 자들만이 그렇게 될 수 있다. "구하는 이마다 받을 것이요 찾는 이는 찾아낼 것이요 두드리는 이에게는 열릴 것이니라"(마 7:8, 눅 11:10). "내가 또 너희에게 이르노니 구하라. 그러면 너희에게 주실 것이요 찾으라. 그러면 찾아낼 것이요 문을 두드리라. 그러면 너희에게 열릴 것이니"(눅 11:9, 마 7:7)라는 말씀에 기초한 약속을 제외하고는 그 어떤 것도 기도 응답에 대한 확신을 우리에게 심어주는 이와 같은 선포보다 더 강력할 수는 없다.

성령님께 더 큰 도움을 구하라

성령에 관한 신약성경의 여러 계시 가운데 하나는 그분이 우리의 기도를 도우시는 조력자라는 사실이다. 그러므로 우리는 주님의 생애에서 성령의 사역과 기도 사이의 밀접한 관련성을 보여주는 다음과 같은 사건을 만나게 된다.

"그때에 예수께서 성령으로 기뻐하시며 이르시되 천지의 주재이신 아버지여 이것을 지혜롭고 슬기 있는 자들에게는 숨기시고 어린아이들에게는 나타내심을 감사하나이다. 옳소이다. 이렇게 된 것이 아버지의 뜻이니이다"(눅 10:21).

여기서 우리는 하나님이 우리에게 어떤 분인가에 관한 여러 가지 계시를 만나게 된다. 오직 어린아이의 마음을 품어야만 하나님 아버지를 알 수 있으며, 오직 어린아이의 마음에만 하나님 아버지를 계시하실 수 있다. 모든 것이 하나님 아버지로 말미암아 그 아들을 통해 우리에게 전달되는 것은 오직 기도를 통해서다. 모든 것이 하나님 아버지와 그 아들로 말미암아 우리에게 계시되는 것은 오직 기도를 통해서다. 하나님 아버지께서 우리에게 그분 자신을 내주시는 것은 그게 무엇이든 다른 모든 것보다 훨씬 더 만사형통하게 하는 것은 오직 기도를 통해서다.

또한 신약성경은 "그때에 예수께서 성령으로 기뻐하시며 이르시되"(눅 10:21)라고 말씀한다. 이것은 일반적으로 알려지지 않은, 혹시 알려졌더라도 무시되었을 커다란 진리, 곧 예수님이 대개 성령의 인도하심을 받았다는 것, 그분의 사역과 생애뿐만 아니라 그분의 기쁨과 기도가 성령의 영감, 법칙, 인도하심 아래 있었다는 뜻이다. 로마서 8장 26~27절로 돌아가서 이 말씀을 한번 읽어보라.

"이와 같이 성령도 우리의 연약함을 도우시나니 우리는 마땅히 기도할 바를 알지 못하나 오직 성령이 말할 수 없는 탄식으로 우리를 위하여 친히 간구하시느니라. 마음을 살피시는 이가 성령의 생각을 아시나니 이는 성령이 하나님의 뜻대로 성도를 위하여 간구하심이니라."

이 구절은 가장 의미심장하고 반드시 필요한 말씀이다. 인내, 소망, 기다림은 기도에서 우리를 도와준다. 그러나 이 모든 조력자 중에서 가장 크고 신성한 조력자는 바로 성령이시다. 성령은 우리를 위해 만물을 붙잡고 계신다. 우리는 수많은 것에 대해 어둡고 혼동하며, 무지하고 연약하며, 사실상 천상의 삶과 관련된 모든 것, 특히 기도라는 단순한 섬김에 대해서도 마찬가지다.

우리에게는 "마땅한 것", 곧 기도해야 할 의무와 당위성, 가장 절대적이고 필수적인 종류의 영적인 필요가 우리에게 있다. 그러나 우리는 그런 의무감을 전혀 느끼지 못할 뿐만 아니라 그런 필요성을 충족시킬 만한 능력이 아예 없다. 성령은 우리의 연약함을 도와주시고, 무지를 지혜로 바꾸시며, 우리의 연약함을 강함으로 변화시켜주신다. 성령 자신이 이런 일을 하신다. 성령은 마치 우리 자신이 힘써 일하고 수고하는 것처럼 우리를 도우시면서 붙잡고 계신다.

성령은 우리의 무지에 그분의 지혜를 더하시며, 우리의 연약함에 그분의 강함을 보태신다. 성령은 우리를 위해 우리 안에서 탄원하신다. 성령은 우리의 기도를 재촉하시고 조명하시며, 영감을 불어넣으신다. 성령은 우리의 기도를 요구하는 문제에 관해 선포하고 고양시키시며, 우리의 기도에 필요한 말과 감정을 영감으로 불어넣으신다. 성령께서 우리 안에서 강력하게 역사하심으로써 우리가 강력하게 기도할 수 있다. 성령은 하나님의 뜻에 따라서 언제 어디서든 우리로 하여금 기도할 수 있게 하신다. 이와 관련해서 우리는 요한 일서 5장 14~15절에서 다음과 같은 말씀을 만난다.

"그를 향하여 우리가 가진 바 담대함이 이것이니 그의 뜻대로 무엇을 구하면 들으심이라. 우리가 무엇이든지 구하는 바를 들으시는 줄을 안즉 우리가 그에게 구한 그것을 얻은 줄을 또한 아느니라."

하나님을 향해 나아갈 수 있도록 우리에게 담대함을 허락하실 뿐만 아니라 자유롭고 충분하게 가까이 다가갈 수 있도록 하는 것은, 그처럼 담대하고 자유롭게 나아갈 수 있다는 사실의 기초는 우리가 "하나님의 뜻을 따라" 구하고 있다는 점이다. 이것은 순복이 아니라 순응을 의미한다. "따라서"라는 말은 기준에 맞춘다, 순응한다, 또는 동의한다는 뜻이다. 우리는 하나님의 뜻에 순응하여 기도하고 있기 때문에 담대하고 자유롭게 하나님께로 나아갈 수 있다.

성령은 하나님의 뜻을 알게 한다

하나님은 성경 말씀에 그분의 일반적인 뜻을 기록해 놓으셨지만 우리가 기도할 수 있도록 이와 같은 특별한 사역을 행하신다. 하나님을 기다린 선지자의 말에 따르면 하나님의 일은 우리를 위하여 예비되었다. 그렇다면 우리는 기도 중에 하나님의 뜻을 도대체 어떻게 알 수 있는가? 특별히 우리로 하여금 실행하고 기도하도록 하나님이 계획하신 일들은 도대체 무엇이란 말인가? 성령은 그와 같은 일들을 우리에게 영구히 계시하신다.

"이와 같이 성령도 우리의 연약함을 도우시나니 우리는 마땅히 기도할 바를 알지 못하나 오직 성령이 말할 수 없는 탄식으로 우리를 위하여 친히 간구하시느니라. 마음을 살피시는 이가 성령의 생각을 아시나니 이는 성령이 하나님의 뜻대로 성도를 위하여 간구하심이니라"(롬 8:26-27).

여기서 우리는 앞의 로마서 8장 26~27절의 말씀과 고린도전서 2장 9~16절에 나오는 말씀을 통합적으로 살펴볼 필요가 있다.

"기록된 바 하나님이 자기를 사랑하는 자들을 위하여 예비하신 모든 것은 눈으로 보지 못하고 귀로 듣지 못하고 사람의 마음으로 생각하지도 못하였다 함과 같으니라. 오직 하나님이 성령으로 이것을 우리에게 보이셨으니 성령은 모든 것 곧 하나님의 깊은 것까지도 통달하시느니라. 사람의 일을 사람의 속에 있는 영 외에 누가 알리요. 이와 같이 하나님의 일도 하나님의 영 외에는 아무도 알지 못하느니라. 우리가 세상의 영을 받지 아니하고 오직 하나님으로부터 온 영을 받았으니 이는 우리로 하여금 하나님께서 우리에게 은혜로 주신 것들을 알게 하려 하심이라. 우리가 이것을 말하거니와 사람의 지혜가 가르친 말로 아니하고 오직 성령께서 가르치신 것으로 하니 영적인 일은 영적인 것으로 분별하느니라. 육에 속한 사람은 하나님의 성령의 일들을 받지 아니하나니 이는 그것들이 그에게는 어리석게 보임이요 또 그는 그것들을 알 수도 없나니 그러한 일은 영적으로 분별되기 때문이라. 신령한 자는 모든 것을 판단하나 자기는 아무에게도 판단을 받지 아니하느니라. 누가 주의 마음을 알아서 주를 가르치겠느냐. 그러나 우리가 그리스도의 마음을 가졌느니라"(고전 2:9-16).

"오직 하나님이 성령으로 이것을 우리에게 보이셨으니 성령은 모든 것 곧 하나님의 깊은 것까지도 통달하시느니라." 이 말씀에 주목하라. 하나님은 성령이 내주하시는 심령을 감찰하고 계시며, 성령의 생각을 알고 계신다. 우리의 심령 안에 내주하시는 성령은 하나님의 깊은 목적과 하나님의 뜻을 감찰하고 계시며, 그러한 하나님의 목적과 뜻을 우리에게 계시하셔서 하나님이 우리에게 자유롭게 허락하시는 것들을 우리가 알게 하신다.

우리의 영은 하나님의 성령이 너무나 충만하게 자리를 잡고 계셔서 하나님의 조명하심과 하나님의 뜻에 민감하게 반응하고 순종적인 나머지, 우리는 하나님의 성령이 우리에게 하나님의 뜻이라고 보여주시고 믿음으로 확신하는 것들을 거룩한 담대함과 자유를 가지고 구하게 된다. 그러면 우리는 지금까지 우리가 간구한 탄원이 우리에게 이루어진다는 사실을 알게 된다.

육에 속한 자연인도 기도하기는 하지만 자기 자신의 뜻, 일시적인 기분이나 변덕, 욕망에 따라 기도한다. 만약 그 사람에게 뜨거운 열망과 탄식이 있다면 그것은 성령이 아니라 단지 자기 본성의 불꽃이자 고뇌에 지나지 않을 뿐이다. 자연적인 기도의 세계를 차지하고 있는 것은 이기적이고 자기중심적이며, 자기 영감에 따른 것일 뿐이다!

우리를 통해 기도하시거나 마땅히 해야 할 올바른 기도를 강력하게 만족시키기 위해 우리를 도우실 때 성령은 하나님의 뜻에 맞추어 우리의 기도를 나름대로 손질하신다. 그러면 우리는 성령의 말할 수 없는 탄식에 맞추어 마음과 표현을 올려드리게 된다. 그런 다음에야 우리는 예수님의 생각을 갖게 되고, 마치 예수님이 기도하시는 것처럼 기도하게 된다. 예수님의 생각, 목적, 소망이 우리의 생각, 목적, 소망으로 자리 잡게 된다.

이것은 이미 우리에게 있는 것과는 전혀 다른 새로운 성경 말씀이 아니라 우리에게 있어서 하나님의 성령을 통해 개인적으로 얼마든지 적용할 수 있는 성경 말씀이다. 그건 전혀 새로운 본문 말씀이 아니라 오히려 성령이 그 당시에 우리를 위해 어떤 특정한 본문 말씀을 아름답게 장식하시는 것이다. 그것은 천국에서 하나님 아버지

우편에 앉으신 예수 그리스도의 훌륭한 중보기도와 조화를 이루어
이 땅에서 멋진 중보자의 직분을 감당하도록 성령께서 빛, 인도하
심, 가르치심, 능력을 주심으로써 우리에게 말씀을 펼쳐놓으시는 것
이다.

성령은 우리 기도의 가장 큰 조력자시다

우리는 성령을 통해 이 중보기도가 어떤 것인지와 마
땅히 어떻게 되어야 하는지에 대한 구체적인 사례와 조력자를 얻게
된다. 우리에게는 그 성령 안에서 간구하고, 그 성령 안에서 기도해
야 할 책임이 있다. 중보기도가 너무나 신성하고 고상한 성격의 기
술이지만, 우리는 성령께서 "우리의 연약함을 도우신다"는 점과 비
록 우리가 마땅히 기도해야 할 바를 알지 못하더라도 성령은 "말할
수 없는 탄식으로" 우리 안에서 중보하심으로써 이와 같은 천상의
기술을 우리에게 가르쳐주신다는 사실도 기억해야 한다.

이처럼 온갖 중보기도를 올려드려야 하는 성령의 짐이 얼마나
무겁겠는가! 성령은 온 세상의 죄악, 온 세상의 비통함, 온 세상의
상실감을 얼마나 절절하게 느끼시겠는가! 성령은 그러한 무시무시
한 상황들에 얼마나 깊이 공감하시면서 너무나 절절하여 그분의 입
으로 감히 말할 수도 없으며, 너무나 신성하여 감히 소리를 발할 수

도 없어서 그냥 탄식하고만 계신 것으로 보일 수밖에 없겠는가! 성령은 이처럼 가장 신성한 중보기도의 일을 감당하도록 우리에게 영감을 불어넣으실 뿐만 아니라 그분의 능력을 통해 우리로 하여금 압제받는 자들, 무거운 짐을 짊어진 자들, 고통받는 사람들을 위해 하나님께 탄식할 수 있게 하신다. 성령은 수많은 방식으로 우리를 도우신다.

이처럼 성령 안에서 간구하는 성도들의 중보기도는 얼마나 강력하겠는가! 반면에 성령 없는 기도는 얼마나 헛되고 기만적이며, 얼마나 철저하게 열매 없고 비효율적이겠는가! 공식적인 기도가 국가적인 행사에 아무리 적합하고 아무리 아름답고 품위가 있을지라도 하나님이 귀히 여기시는 기도보다 더 가치 있는 것은 아무것도 없다. 우리 안에서 하나님의 역사가 가장 강력하게 일어나도록 성령을 도와주고, 그와 동시에 성령께서 몸소 기도하는 가운데 이처럼 열렬히 고양된 노력에 대해 우리를 도와주시는 까닭은 결국 우리 자신의 기도가 약해지지 않아야 하기 때문이다.

우리는 하나님께 속하지 않은 수많은 영감과 수많은 방법을 통해 기도하고 있으며, 기도할 수 있다. 전부 다 그런 것은 아니지만 수많은 기도가 방식이나 내용에서 부분적으로 판에 박은 듯 상투적인 문구로 가득하다. 반면 다른 수많은 기도는 마음에서 우러나온 강력하고 열정적인 기도인 동시에 자연스러운 마음이자 신선한 열정이다. 수많은 기도는 습관에 따라 형식적으로 이루어진다. 습관은

제2의 천성이다. 그러므로 나쁜 습관으로 길들여질 수도 있지만 바람직한 방향으로 길들여지기만 한다면 좋은 습관이 형성될 수도 있다. 기도하는 습관은 좋은 습관이므로 일찍부터 강하게 형성되어야 한다.

그러나 단지 습관적으로 기도하는 것은 기도의 생명력을 파괴하는 것이며, 공허하고 위선적인 형식으로 퇴행하게 만들 뿐이다. 습관은 기도의 강물을 자연스럽게 흘려보내는 제방을 쌓을 수도 있지만, 이 두 제방 사이에는 강하고 깊고 순전한 물결이 흘러야 하며, 수정같이 맑고 생명을 전해주는 흐름이 있어야 한다. 한나는 갑절로 기도하면서 "다만 슬픈 마음을 가눌 길이 없어서 저의 마음을 주님 앞에 쏟아 놓았다"(삼상 1:15 참조). 그 생명수가 가득 차서 제방으로 흘러넘친다면 우리는 자신의 기도 습관을 지나치게 억지로 통제하려고 해서는 안 된다.

기도생활에 대한 가장 신성한 본보기는 바로 하나님의 아들이시다. 기도생활에 대한 우리의 신성한 조력자는 성령이시다. 성령은 기도하도록 우리를 재촉하시며 기도생활에서 우리를 도와주신다. 받아들여질 만한 기도는 성령의 임재와 영감으로 말미암아 시작되고 지속된다. 우리는 성령 안에서 기도하도록 성경을 통해 요구받는다. 우리에게는 성령 안에서 모든 기도와 간구로 항상 기도하는 책임이 있다. 우리는 다음과 같은 격려를 기억해야 한다. "이와 같이 성령도 우리의 연약함을 도우시나니 우리는 마땅히 기도할 바를 알지 못하나 오직 성령이 말할 수 없는 탄식으로 우리를 위하여 친히 간구하시느니라"(롬 8:26). "마음을 살피시는 이가 성령의 생각을 아시나니 이는 성령이 하나님의 뜻대로 성도를 위하여 간구하심이니라"(롬 8:27).

우리는 이와 같은 기도의 문제에서 너무나 무지하고 무능하기에 성령께서 이와 같은 신성한 기술을 가르치기 위하여 절대 무오하고 매우 지혜로운 스승으로서 우리에게 찾아오신다. 온 마음과 힘을 다하여, 이성과 의지를 동원하여 기도하는 것이야말로 이 땅에서 벌어지는 그리스도인의 전투에서 가장 큰 공로이다. 이것이야말로 성령을 통해 감당하도록, 그리고 감당할 수 있도록 가르침을 받아야 하는 것이다. 어떤 사람도 성령의 도움 없이는 예수님을 그리스도라고 고백할 수 없다면 하나님의 성령으로부터 도움을 받지 않고서는 어느 누구도 기도할 수 없다.

그러므로 성령을 통해 기도하기 위해서는 언제나 우리에게 성령이 계셔야 한다. 마치 이 세상의 스승들처럼 성령은 우리에게 어떤 교훈을 가르친 다음에 홀연히 떠나가지 않으신다. 성령은 자신이 가르친 교훈을 제대로 실행하도록 돕기 위해 우리에게 그대로 머물러 계신다. 우리는 성령께서 가르치신 훈계와 교훈만으로 기도하는 게 아니라 성령 자신으로 말미암아 기도한다. 성령은 스승이자 교훈이다. 성령은 영감을 불어넣고 조명하며, 설명하고 그렇게 하도록 도와주기 위해 언제나 우리와 함께 계시기 때문에 우리는 성령의 교훈을 알아챌 수밖에 없다.

우리는 성령께서 우리에게 계시하시는 진리만으로 기도하는 게 아니라 성령의 실제적인 임재로 말미암아 기도한다. 성령은 우리의 마음속에 소망을 불어넣으신다. 성령 자신의 불꽃으로 그 소망에 불을 붙이신다. 우리는 단지 성령의 말할 수 없는 탄식에 입술과 목소리와 마음을 내드릴 뿐이다. 성령은 우리의 기도를 들어 올리셔서 거기에다 그분의 중보로 활기를 불어넣어 더욱 거룩하게 구별하신다. 성령은 우리를 위해, 우리를 통해, 우리 안에서 기도하신다. 우리는 성령으로 말미암아 성령을 통해, 성령 안에서 기도한다. 성령은 우리 안에 기도를 놓아두시고 우리는 입술과 마음을 거기에 내드린다.

성령께서 우리의 기도를 도우실 때 우리는 항상 하나님의 뜻에 따라 기도하게 된다. 성령은 오직 하나님의 뜻을 따르는 경우에만 우리를 통해 기도하신다. 만약 우리의 기도가 하나님의 뜻을 따르지 않는다면 그 기도는 성령의 임재 가운데서도 죽게 된다. 성령은 그러한 기도에 아무런 지지와 도움을 베풀지 않으신다. 성령으로부터 아무런 지지와 도움을 받지 못하고 하나님의 뜻에 따르지 않는 기도는 아무리 성령께서 내주하시는 심령이라 하더라도 이내 죽어버리고 만다.

유다가 말하는 대로 우리는 성령 안에서 기도해야 한다. 바울이 말한 대로 우리는 성령 안에서 모든 기도와 간구로 항상 기도해야 한다. 또한 "이와 같이 성령도 우리의 연약함을 도우시나니 우리는 마땅히 기도할 바를 알지 못하나 오직 성령이 말할 수 없는 탄식으로 우리를 위하여 친히 간구하시느니라. 마음을 살피시는 이가 성령의 생각을 아시나니 이는 성령이 하나님의 뜻대로 성도를 위하여 간구하심이니라"는 사실을 절대로 잊어버리지 말라. 다른 무엇보다 우리가 올려드리는 모든 기도에는 그리스도의 이름이 있어야 하며, 거기에는 그리스도의 보혈에 담긴 능력, 그리스도의 중보에 담긴 에너지, 보좌에 앉으신 그리스도의 충만함이 포함되어 있다. "내 이름으로 무엇이든지 내게 구하면 내가 행하리라"(요 14:14).

"이와 같이 성령도 우리의 연약함을 도우시나니
우리는 마땅히 기도할 바를 알지 못하나
오직 성령이 말할 수 없는 탄식으로
우리를 위하여 친히 간구하시느니라.
마음을 살피시는 이가 성령의 생각을 아시나니
이는 성령이 하나님의 뜻대로
성도를 위하여 간구하심이니라" (롬 8:26-27).

Martin Luther

※ 이 글은 영성신학자 레이먼드 브라운의 저서 「네 명의 영적 거장들」에서 마틴 루터의 기도에 관한
내용을 참조 발췌한 것이다. 레이먼드는 이 책에서 루터가 자신의 이발사이자 친구인 베스켄도르프
에게 쓴 편지글 형식의 「단순한 기도의 방법」이란 책을 바탕으로 마틴 루터의 기도생활을 자세히 소
개하고 있다. 이 책은 기도의 형식적인 신학이 아니라 종교개혁자의 매일의 기도 습관을 개인적으로
즐겁게 소개하기 때문에 특별히 관심을 갖게 된다.

마틴 루터의
이렇게
기도하라

*　　*　　*　　*　　*

기도의 모험을 즐기라

　　　　루터는 기도가 언제나 쉬울 수 없다고 말하면서도 자신의 독자들을 위해서는 아주 쉽게 설명하고 있다. 루터는 싫증, 뒤로 미루기, 제한하기, 그리고 반대하기를 기도를 어렵게 만드는 네 가지 문제로 간주했다.

　　첫째 문제는 싫증이다. 우리는 늘 기도하고 싶은 마음이 들지 않을 수도 있다. 루터는 친구 페터에게 자신이 언제나 기도를 좋아 하는 것은 아니라고 말한다. "기도에 대한 열정이 식고 즐거움이 사라진 것 같을 때는⋯ 간단한 시편 모음집을 들고서 급히 내 방으로 들어가⋯."

　　기도를 하기만 하면 더 괜찮은 사람이 될 수 있다는 것을 알면서도 불안의 무거운 무게에 짓눌리고, 다른 일에 정신을 뺏길 정도로 인생의 압박을 받을 때가 있다. 루터는 그런 경험에 아주 익숙했다. 그는 정직이 전부였다. 언젠가 가톨릭 당국이 위협을 가해오자 그것을 걱정한 삭소니 지역의 선제후가 일부러 그를 납치해 바르트부르크 성에서 은밀하게 보호해준 일이 있었다. 비텐베르크에서 진행하던 일을 어쩔 수 없이 못하게 된 루터는 건강을 잃었는데, 이때의 우울한 경험을 '밧모섬' 혹은 '나의 광야'라고 불렀다. 그 시기에 그는 거의 기도가 불가능하다고 생각하고서 동료 멜란히톤에게 이런 내용의 편지를 보내기도 했었다.

"나는 바보처럼 이곳에 앉아서 무료하게 지내며 기도는 거의 못하고 있어. …하나님이 나를 외면하시는 것은 아닌지 자신할 수 없군. …벌써 여드레째 아무것도 쓰지 못하고 있다네. 그렇다고 기도를 하거나 공부를 하는 것도 아닌데 말이야. 이런 까닭은 절반은 육신의 유혹 때문이고, 절반은 다른 일로 고민하기 때문이라네."

루터는 이발사 페터의 인생에서 쉽게 기도할 수 없는 시기가 있을 수 있다는 것을 알고서 그런 경험에 대비하도록 돕고 싶어 했다. 우리는 기도를 좋아하든지 아니면 싫어하든지 간에 기도에 힘써야 한다. 우리의 마음이 갈피를 못 잡거나 철저히 흔들린다고 해서 기도를 그쳐서는 안 된다.

더 심각한 문제는 뒤로 미루는 것이다. 우리는 기도의 중요성을 거리낌 없이 인정하고 더 잘할 수 있다고 생각한다. 하지만 다른 일을 하게 되면 기도는 중요한 문제에서 배제된다. 우리는 기도하는 게 마땅하지만 아직은 때가 아니라는 것이다. 루터는 베스켄도르프에게 기도시간을 정해놓고 무슨 일이 있어도 매일 하나님과 약속을 지키는 게 중요하다고 지적한다. "기도로 아침을 시작하고 밤늦게 기도로 끝마치는 것은 좋은 일이다."

이렇게 날마다 해야 하는 중요한 훈련을 간과하게 되면 기도는 하나마나한 선택이 되고, 보다 시급한 일이나 과제 때문에 외면될 수 있다. 분주한 생활을 하고 있는 루터는 그 위험을 너무 잘 알고 있었다.

"그릇된 생각에 현혹되지 않게 조심해야 한다네. '잠시만 기다려라. 기도는 잠시 미뤄두고 먼저 닥친 일부터 따져보자.' 이런 식의 생각은 다른 일에 정신을 쏟게 만들어서 기도를 멀리하게 하고 그날의 기도에 전혀 도움이 되지 않는다네."

루터가 찾아낸 또 다른 문제는 기도를 주제로 한 그의 저서에는 자주 등장하지 않는다. 그것은 기도를 하나님의 임재 안에서만 입을 여는 것으로 국한하기, 즉 제한하는 것의 위험이다. 루터는 기도의 본질을 하나님과의 교제로 축소하지 않으면서도 우리의 말과 행동으로 기도할 수 있다고 주장한다. 특별히 급할 경우에는 이따금 기도보다 더 중요한 일이 있을 수도 있다. 우리는 루터가 이 모든 내용을 중세시대 전반에 걸쳐서 영적으로 가장 이상적인 상태로 강조된 수도원식 경건의 배경에 반대하면서 집필하고 있다는 사실을 기억해야 한다. 기도나 예배를 위해서 어떤 고립된 수도원으로 물러나는 것을 조금도 거룩하게 생각하지 않았다. 여기서 루터는 "기도만큼 중요하거나 그보다 더 훌륭한 일을 아주 급하게 처리해야 할 수도 있다"라고 주장한다.

주님은 우리가 무슨 일이 이루어지기를 기대하는 것보다는 직접 실행하기를 바라실 때가 있다. 가족 가운데, 혹은 친구나 이웃이 아프면 환자를 위해서 간절히 기도하기 마련이지만 하나님은 기도 그 이상의 일을 하기를 바라신다. 루터는 자신의 말을 강조하고 싶었는지 4세기 후반에 베들레헴의 수도원 공동체에서 생활했던 아우구스티누스와 동시대 인물인 제롬(히에로니무스, Jerome)을 인용한다. 그는 초기 기독교 학자 가운데 한 사람이었다. 누구에게도 기도하는 일을 과소평가하는 말을 하고 싶어 하지 않았던 루터는 제롬의 말을 반복한다. "성도가 하는 것은 무엇이든 기도이다." 루터는 그와 비슷한 당시의 격언까지 인용한다. "성실하게 일하는 사람은 두 번 기도하는 것이다."

하지만 루터는 이것을 사실로 인정하면서도 위험을 간과하지 않았다. 믿음이 없는 사람은 이것을 구실로 삼아서 기도하지 않을 수도 있다. "나는 실제적인 일이 좋으니 기도하는 것은 다른 사람들에게 맡기겠다"는 식이다. 루터는 바른 자세, 동기부여, 그리고 상황을 전제하면 실제로 선한 일 가운데 일부가 기도처럼 보일 수도 있다고 말하면서도 독자들이 기도가 일보다 부차적이라거나 이웃들에게 선행을 베풀면 기도를 하건 안 하건 간에 문제가 되지 않는다고 생각할까봐 염려했다. 그는 이렇게 주장한다.

> "그런데 우리는 진정한 기도의 습관을 깨거나, 결국에 가서 무익한 것으로 밝혀지는 다른 일을 꼭 실천해야 할 것처럼 상상하지 않도록 정말 조심해야 한다네. 그렇게 되면 문란하거나 게을러져서 마침내 기도에 대해서 냉랭해지고 관심이 사라지게 된다네."

루터는 기도에 관한 또 다른 문제, 즉 반대하기를 거론한다. 그는 우리가 기도하지 않을 때 사탄이 아주 기뻐한다는 것을 알고 있다. 루터는 기도에 관한 작은 책을 통해 사탄의 끈질기고 악랄한 활동을 소개한다. 종교개혁자는 사탄의 존재나 그의 저항을 조금도 의심하지 않는다. 우리는 그리스도인이 누리는 기도의 특권과 책임감에 관해 나태할 수 있지만, 사탄은 한순간도 쉬지 않고 우리의 기도를 가로막는다. "우리를 안에서 괴롭히는 사탄은 게으르거나 부주의하지 않고, 우리의 육신 역시 죄를 저지를 준비가 되어 있을 뿐 아니라 그것을 갈망하고, 기도의 영을 내켜하지 않는다."

루터가 「단순한 기도의 방법」이라는 작은 책에서 사탄의 행동에 관심을 갖게 된 데는 그럴 만한 이유가 있었다. 언젠가 루터는 머리를 깎으러 페터 베스켄도르프의 가게를 찾아갔다가 자신이 책을 쓸 준비를 하고 있다고 말했다. 그가 베스켄도르프가 사탄의 힘이나 속임수에 관한 책이었으면 좋겠고 말하자 그 생각에 관심을 가졌다. 루터는 그런 식의 작업은 위험하다고 슬쩍 그를 떠보았다. 원수가 자신의 활동을 문서로 다루는 것을 내켜하지 않을 것이기 때문이었다. 며칠 뒤 루터가 페터에게 약간 장난기가 묻어나는 내용의 시를 보냈다.

> 사탄은 성급하고 뻔뻔하기 이를 데 없어서
> 하는 짓이라고는 악하고, 속이고, 교활한 것뿐이니
> 페터님은 눈치 빠르게 행동해서
> 사탄을 골려주려다가
> 덮어쓰는 일이 없으시기를….

이렇게 해서 루터는 현실을 있는 그대로 소개하는 것으로 자신의 책을 시작한다. 기도는 늘 매력적인 일이 될 수 없다는 게 루터의 생각이었다. 사탄은 육신의 욕구를 조종함으로써 점차 하나님을 벗어나서 알지 못하는 사이에 영적 항구를 떠나게 만들려고 갖은 노력을 다한다. 그러면 기도는 더 이상 일차적인 문제가 될 수 없다. 하지만 노련한 목회자 루터는 계속해서 부정적인 문제들을 강조하는 것으로 만족하지 않았다. 그는 신자의 기도가 풍성해질 수 있는 방법을 설명하는 것으로 곧장 넘어간다.

#기도의 목적

루터는 기도에 대한 우리의 자세에서 시작해서 그것을 어떻게 해야 가장 잘 준비할 수 있는지 살펴본다. 루터는 기도가 간구하는 것 이상이라고 강조한다. 삶 속에서 하나님의 실체를 연상시키는 것들 가운데 기도보다 뛰어난 것은 없다. 기도는 그저 하나님의 임재 안에 거하면서 하나님의 위대하심과 그분에 대한 부단한 필요를 새롭게 흡수하는 것이다.

루터는 그리스도인들이 성경을 앞에 펼쳐놓고 기도할 때 가장 잘할 수 있다고 확신했다. 그는 좋은 기도는 응답하는 것이라고 생각했다. 성경을 통해 이미 우리에게 말씀하신 하나님께 대답하는 것이 기도이다. 루터가 묵상을 중시하는 것도 바로 이 때문이다. 하나님이 성경의 내용을 통해 주시는 말씀에 조심스럽게 귀를 기울이고 우리의 가슴과 생각을 깊숙이 파고들도록 용납하는 것을 연습하는 게 기도이다. 말씀의 메시지를 경건하게 묵상하고, 지속적으로, 그리고 감사하면서 말씀을 반복하고 우리의 정신적 틀의 일부가 되게 만들어서 기도하고 싶은 마음이 일어나게 해야 한다.

루터는 성경의 일부를 조용히 암송하면서 기도를 시작하라고 제안한다. 말씀을 서두르지 않고 묵상하면 경건해지고, 감사와 기대하는 마음을 갖게 되어서 하나님의 임재를 향해 서둘러 나아가거나 비슷한 말을 하고 또 하거나 계속 재촉하는 것을 예방할 수 있다. 묵상은 하나님이 말씀하고 싶어 하시는 생각을 각인시키는데, 그것은 우리가 하나님께 건네는 말보다 더 중요하다. 루터는 자신의 기도하는 습관을 이렇게 소개한다.

> "간단한 시편 모음집을 들고서 급히 내 방으로 들어가거나, 혹은 교회에 가서 시간이 허락하는 만큼 조용히 나 자신과 대화를 나눈다네. 그렇지 않으면 주기도문이나 십계명, 사도신경, 그리고 시간적으로 여유가 있으면 예수님의 말씀이나 바울 서신, 그리고 시편 가운데 일부를 어린아이처럼 한마디 한마디 읽어내려 가기도 한다네."

우리는 이렇게 글을 통해 소개된 훈련되고 구조화된 묵상이 루터의 기도생활의 토대를 형성하고 있다는 사실을 확인할 수 있는 기회를 갖게 되었지만, 여기에서는 하나님이 말씀을 통해 우리에게 계시하실 때 인내하면서 귀를 기울이는 게 그의 기도 방식이라는 것을 지적해두는 것으로도 충분하다. 처음에는 십계명, 그리고 이어서 사도신경으로 이어지는 글의 구성 역시 훌륭하다.

십계명은 사람들이 순종해야 하는, 하나님이 규정하신 일련의 규범이 아니다. 하나님의 본성을 계시하는 것이다. 그것들은 우리가 반드시 실천해야 할 내용이 아닌, 하나님이 좋아하시고 행하신 일을 선언하는 것으로 시작된다. "나는 너를 애굽 땅 종 되었던 집에서 인도하여 낸 네 하나님 여호와라"(신 5:6).

루터는 기도시간을 시작하면서 그 계명들을 조용히 암송하며 그것들이 우리를 위해 간직하고 있는 위대한 네 가지 진리, 즉 하나님은 누구시고, 무슨 일을 하셨고, 우리는 누구고, 그리고 하나님이 우리에게 기대하는 것이 무엇인지 스스로에게 일깨운다.

계명들은 하나님에 관해서 무엇인가를 주장하는 것으로 시작된다. 그것들은 차갑고 법률적인 교훈이 아니라 자기 사람들에게 말씀하시는 하나님의 본성과 성격에 즉각적으로 반응하는 계시이다. "나는 여호와라"는 표현은 불타는 떨기나무를 통해 모세에게 계시하신 이름을 떠올리게 한다. 모세는 곧 있을 구원에 대해서 듣게 되자 노예생활을 하는 이스라엘 사람들이 하나님의 이름이 무엇인지 물으면 어떻게 대답해야 할지 당연히 물었다. 하나님은 이렇게 대답하셨다. "나는 스스로 있는 자이니라. 또 이르시되 너는 이스라엘 자손에게 이같이 이르기를 스스로 있는 자가 나를 너희에게 보내셨다 하라"(출 3:14). 그분은 영원히 존재하시고, 실패하는 법이 없으시며, 전능하신 하나님이시다.

그래서 루터가 계명들을 상기시키면서 동시대 사람들에게 기도를 시작하도록 정중하게 격려할 때 계명들이 소개하는 그 하나님을 염두에 두도록 부탁한다. 그분은 운명을 결정하는 최고의 하나님이시다. 그런데 두려워하는 모세와 기죽은 이스라엘 백성들만이 아니라 교만한 이집트인들과 루터, 양심의 고통을 겪고 있는 베스켄도르프와 당신과 나의 운명까지 결정하신다.

아울러 계명들은 영원히 통치하시는 하나님이 전능하시다고 계속해서 선언한다. 하나님은 모세에게 말씀만 하시지 않고 자신의 백성을 위해서 구원을 실행하실 것이다. 그분은 이집트의 노예생활에서 구원하신 그 하나님이시다. 그분만이 유일한 하나님이시고 다른 신들은 없다. 우상숭배는 생각할 가치조차 없다. 이스라엘 백성들 사이에 하나님은 여럿 가운데 하나이고, 다른 종교와 자유롭게 타협할 수 있다는 식의 신앙생활에 관한 어떤 제안도 용납하지 않는 질투하시는 하나님이시다. 사랑을 베푸시는 하나님이시고, 그분을 사랑하는 수많은 사람들에게 신뢰할 수 있는 계약으로 동정하는 마음을 보여주시며 계명을 지키게 하신다.

그분은 구원의 하나님이라서 사람들의 삶이 처한 최악의 상황을 '강력한 손과 팔을 펼쳐서' 벗어나게 하실 수 있다. 자비하신 하나님은 백성들에게 선한 일, 즉 '평안히 갈 수 있는 것', 그리고 그들에게 허락하는 땅에서 '오래 살기'를 바라실 뿐이다. 그분은 살아 계신 하나님이라서 누구도 직접 허락하신 개인의 삶을 뺏을 수 없다. 그분은 고귀하신 하나님이라서 누구도 결혼생활을 해칠 수 없다. 그분은 성실하신 하나님이라서 이웃을 해하는 거짓을 말할 수 없다. 그분은 모르는 게 없는 하나님이라서 탐욕스러운 생각과 물질적이고 욕심을 부리는 사람의 은밀한 생각까지도 지켜보시고 알고 계신다. 열 번째 계명은 계명 전체를 합한 것을 넘어서는 게 존재하고 있음을 빼어나게 보여준다. 모르는 게 없는 하나님이 아니라면 은밀한 탐욕을 누가 확인할 수 있을까?

따라서 십계명 안에는 하나님에 대한 다양한 이미지가 존재한다. 그분이 어떤 분이고 무엇을 행하시는 분인지, 즉 계시와 구속을 소개한다. 그것이 계명들의 핵심이다. 하나님의 요구를 간단히 정리하면 이렇다. 사람들은 하나님을 닮아야 한다. 하나님이 생명을 존중하시면 그들 역시 그래야 한다. 하나님이 믿을 만하고 신뢰할 수 있는 관계를 유지하시는 데 사람들이 어떻게 다른 것을 추구할 수 있을까? 그분이 거룩하다면 사람들 역시 어떤 행동을 하든지 거룩해야 한다.

게다가 루터는 십계명을 조용히 암송했다. 그것들은 하나님에 대한 계시일 뿐 아니라 우리의 모습이기 때문이다. 여기서 우리는 늘 존재하는 것과 되어 가는 것의 위험을 겪고 있지만 하나님의 은총이 필요한 사람들이라는 것을 알게 된다. 우리는 우상숭배를 하고, 쉽게 잊고, 다른 사람들이 처한 상황에 무관심하며, 부모를 존경하지 않고, 우리가 싫어하는 사람들에게 공격적이고 폭력적이며, 인생에서 가장 친밀한 관계에 충실하지 않고, 욕심을 부리고, 다른 사람들의 소유에 탐심을 갖고, 고통을 겪는 이들에게까지 당연하다는 듯이 진실하지 않은 말을 하려 하고, 언제나 우리가 지닌 것보다 조금 더 소유하고 싶어 한다.

　루터와 칼뱅은 물론이고 영국의 청교도들이 계명에 담긴 하나님의 법을 유리거울, 즉 하나님이 우리가 헛되게 스스로에게 기대하는 게 아니라 진정한 모습을 보여주려고 만드신 거울이라고 자주 거론한 것도 바로 이 때문이다. 루터는 갈라디아서를 주석하면서 이것을 아주 분명하게 설명했다.

> "율법이 마땅히 해야 할 일은 우리의 죄를 보여주고, 죄책감을 느끼게 하고, 겸손하게 하고⋯. 그리고 결국에는 우리에게서 어떤 도움이든지 앗아가는 것이지만⋯ 이런 목적과 함께, 우리가⋯ 모든 선한 것을 누리게 하는 것도 있다."

　루터가 개혁주의를 따르는 회중들을 위해 최고의 작품을 편집하면서 계명들을 규정에 따라 운율체로 집필했는데, 계명에 맞추어서 회중이 "주여, 우리를 긍휼히 여기소서"라고 대답하는 식이었다. 계명은 우리가 죄인이라는 것을 일깨운다. 믿음을 갖고서 기도에 의지하는 시간은 우리의 자랑을 늘어놓거나 도덕적 가치를 주장하는 것과 거리가 멀다. 우리에게 절실한 것을 떠올리고, 우리의 죄가 아무리 크더라도 영광스럽게 용서를 받을 수 있게 기도를 통해서 하나님께 나아가는 것을 감사하면서 돌아보는 시간이다.

계명은 우리가 하나님의 은총에 힘입어서 무엇을 할 수 있는지를 역시 보여준다. 이런 수준 높은 기준들은 행복하고 유용한 삶을 사는 데 필요한 형식과 더불어서 말씀에 복종할 수 있는 능력을 약속하신 하나님이 우리를 위해 마련하신 것이다. 그분은 전적으로 불가능한 일을 우리에게 요구하시지 않는다. 그런 기준이 있다면 무척 당황스러울 것이다. 오히려 우리 내부에 더 나은 삶을 살고 싶은 바람을 불러일으키려고 성경에 포함시킨 것이다. 더구나 하나님이 우리에게 기대하시는 생활방식은 인간 존재의 모든 측면에 걸쳐서 영향을 미칠 수 있다. 계명들은 하나님, 가족, 이웃, 고용인, 그리고 우리가 기르는 동물까지 관계가 있어서 역시 한 주에 하루는 안식을 누려야 한다.

따라서 루터가 페터 베스켄도르프에게 자신처럼 계명들을 암송하면서 기도를 시작하라고 제안한 것은 훌륭했고, 그것은 우리가 하나님과 교제하는 데도 상당한 도움이 될 수 있다. 그것은 우리가 아무 생각 없이, 무례하게, 바라는 것에만 관심을 쏟은 채 하나님이 우리를 위해서 해주신 일과 우리에게 바라는 것 — 사랑, 예배, 순종, 거룩함과 섬김 — 을 먼저 생각하지 않고 하나님의 임재를 향해 발걸음을 서두르지 않도록 도와준다.

계속해서 루터는 사도신경을 조용히 암송한다고 말한다. 달리 말하자면 그는 하나님의 임재 속에서 자신의 신앙을 감사하면서 확증하고 자신이 다가가고 있는 하나님에 대한 확신을 선언하는 것이다. 루터는 자신의 책을 마무리하면서 사도신경에 관한 묵상에 대해 할 말이 더 있었지만 우리는 그가 기도를 시작하면서 성부, 성자, 그리고 성령이라는 삼위일체의 성격과 존재를 통해 하나님의 위대하심과 영광을 성찰했다는 것에만 주목한다. 영원하고 늘 영광된 하나님의 무제한적인 자원이 여기에 존재한다.

세상을 창조하신 하나님은 분명히 무엇이든지 하실 수 있다. 구속하신 그리스도께서 자신의 사람들을 당연히 계속 사랑하시지 않겠는가? 성령이 교훈과 확신과 사귐과 능력의 사역을 신뢰해온 사람들의 모든 삶을 풍요롭게 만들 수 있는 충분한 자원을 당연히 가지고 계시지 않겠는가? 이것들이 바로 루터가 그 무엇을 간구하기 훨씬 전부터 그의 마음을 가득 채우고 있는 생각들이었다.

#기도의 본질

루터는 일단 마음이 가닥을 잡으면 기도하는 사람은 개인적으로 하나님과 대화를 나누어야 하고, 남들이 써놓은 진부한 글을 반복하면 안 된다고 말한다. 하지만 그는 베스켄도르프에게 할 수 있는 도움을 모두 주고 싶어서 기도문이 아니라 기도를 시작할 수 있도록 한 가지 본보기를 소개한다.

"십계명이나 그리스도의 말씀을 암송하다가 마음이 뜨거워지거나 그런 내용에 마음이 이끌리면 손을 모은 채 무릎 꿇거나 서서 하늘을 바라보고, 가능하면 다음과 같이 간단하게 말하거나 아니면 생각해야 한다네."

"하늘에 계신 아버지, 사랑의 하나님이시여, 저는 보잘것없는 죄인입니다. 저는 당신을 올려다보거나 손을 모을 수 있는 자격이 없습니다. 그런데도 당신이 우리 모두에게 기도하라고 말씀하시고, 귀를 기울이겠다고 약속하시고, 당신의 사랑스러운 아들 예수 그리스도를 통해 어떻게 기도하고 무엇을 해야 할지 가르쳐주셨으니 당신의 자비하신 언약을 의지하고 당신의 말씀에 순종하며 나아갑니다. 저는 당신의 모든 성도와 지상의 그리스도인들과 함께 나의 주 예수 그리스도의 이름으로 그분이 가르쳐주신 기도("하늘에 계신 우리 아버지여…")를 조금도 어긋남 없이 따라합니다."

이렇게 기도의 시작을 소개하는 것은 경우에 따라서 선택할 수 있는 본보기이다. 종교개혁자는 몇 개의 간단한 문장들을 가지고서 강력한 교리적 확신을 훌륭하게 압축했다. 하나님의 아버지 되심, 죄의 진실, 개인적인 고백의 필요성, 그리스도의 교훈, 순종과 불순종의 중요성, 은총의 언약, 그리스도의 비길 데 없는 이름의 능력과 도처에 있는 믿는 이들과 함께 나누는 교제가 그것들이다.

루터는 친구가 기도할 때마다 결코 변함없는 기독교 신앙과 경

험에 대한 확신을 선언한다는 사실을 일깨워주고 싶었다. 기독교인
의 기도 가운데 일부는 안타깝게도 이 수준에 도달하지 못하는 위험
에 처해 있다. 몹시 주관적이고 수시로 돌변하는 개인의 감정 기준
을 영원히 벗어나지 못할 수 있다. 루터는 기도할 때 종잡을 수 없는
감정이 아니라 기독교 교리의 객관적인 진리를 따르고 싶었다. 감정
이 바뀌거나 상황이 달라질 수 있지만 진리는 변함이 없어서 기도할
때 무엇보다 중요하게 간주되었다.

#기도의 형태

루터는 우리의 기도가 일부 중요한 성경 구절을 체계적으로, 그
리고 차분히 묵상의 형태를 취하는 게 중요한데, 그때는 주님이 제
자들에게 가르쳐주신 기도가 더 낫다고 제안한다. 그는 주님의 기도
를 일곱 가지로 구분하고서 자신의 친구에게 그 기도에 포함된 각각
의 간구가 우리의 기도에 얼마나 훌륭하게 기초로 활용될 수 있는지
보여준다. 이렇게 해서 루터는 중요한 문제를 거르지 않고 기도한다
는 것을 확실하게 해두려고 날마다 하는 기도를 독특하게 구조화한
다. 그리고 기도하는 순간에는 개인적인 것이나 가정이나, 교구나
혹은 긴급하지 않은 문제들을 모두 배제한다.

루터는 제목에 따라서 기도의 몇 가지 모범을 이발사 친구에게
제시한다. 그렇다고 해서 내용을 그대로 베껴도 좋다고 말하지는 않
았다. "그렇게 하면 한가하게 수다를 떨고 무익하게 내뱉는 것이나,

평신도와 목회자가 기도책의 문장을 그대로 읽어대는 것과 다르지 않다네." 그는 각자의 기도가 하나님께 거침없이 사랑을 쏟아내고 매일 신뢰하고 있음을 알리는 표현이 되기를 갈망한다. 그의 목적은 베스켄도르프에게 다른 누군가의 기도를 한아름 안겨주고서 따라 하도록 만드는 게 아니었다.

"그보다는 자네가 주님의 기도를 제대로 알고 싶어 하도록 안내하고 싶다네. 그렇게 해서 마음이 뜨거워져서 기도하는 쪽으로 기울어지게 되면 여러 가지 방법을 활용하거나 말을 많고 적게 하는 식으로 그런 생각들을 표현할 수도 있는 것일세."

루터는 일곱 가지 내용으로 이루어진 주님의 기도를 자신은 노예처럼 반복하지 않는다고 분명하게 밝힌다. 노예처럼 주님의 기도를 하는 것은 기계적으로 반복하는 의식처럼 아무 생각 없이 암송하는 것이다. 어느 때는 한 가지 내용에 큰 감동을 받아서 줄곧 그것을 벗어나지 않은 채 교훈을 받은 대로 그날의 기도 형식을 결정하기도 한다.

"어쩌다가 한 가지 간구와 관련된 갖가지 생각에 휩쓸리다 보면 다른 여섯 가지 간구들을 무시할 수도 있다네. 괜찮은 생각들이 쏟아지면 나머지 간구들을 미뤄둔 채 그런 생각에 필요한 여유를 갖고 침묵하면서 귀를 기울이되 무슨 일이 있더라도 가로막아서는 안 되네."

이 중요한 단서를 염두에 두면 루터가 주님과 하루도 거르지 않고 대화하기 위해 어떻게 일곱 가지 내용으로 구성된 주님의 기도를 활용했는지 확인할 수 있다.

주님의 기도를 활용하라

하나님의 특별하심을 존경하라

루터가 "우리 아버지여 이름이 거룩히 여김을 받으시오며"라는 첫 번째 간구로 시작하는 기도의 도입부는 그가 속한 시대의 절박한 상황이 반영되어 있다. 개신교 신자들은 박해받는 소수였다. 따라서 하나님의 영광에 관심을 가진 루터는 유럽 각 지역에서 하나님의 이름을 존경하지 않는 이들을 당연히 비판적으로 바라보았다. 하나님이 "증오, 우상숭배, 이교도, 교황, 그리고 온갖 거짓 교사들과 당신의 이름을 잘못 사용하고 망령되이 부르고 한껏 모욕하는 광신자들을 근절시켜 달라"는 그의 기도는 관용의 시대에는 엄격해 보이고, 때로는 도움이 되지 않는 위협처럼 보일 수도 있다. 루터가 주님의 기도 가운데 첫 대목을 활용한 것은 루터의 기도가 적절하고 열정적이며 현실적이었다는 것을 보여준다.

첫째, 루터의 기도는 적절하고 요즘의 상황과 밀접한 관련이 있다. 그는 기도할 때 일상생활의 압력을 무시하는 외딴섬으로 물러서지 않았다. 오히려 지상의 나라들을 다스리시는 주권을 가진 하나님의 임재 안에 세상이 머물러야 할 필요성을 제기한다. 그에게 있어서 하나님의 백성들을 박해하는 것은 두려운 일이었다. 그가 여기서 "불쌍한 영혼들을 가증스럽게 유혹하려고 사탄의 책략과 속임수를 활용… 하거나 무고한 피를 적잖이 흘리게 하고 박해"하는 사람들의 그릇된 행동에 대해서 기도한다고 해서 타협을 무시하고 독설을 퍼붓는 것은 아니다.

루터는 고난의 문제를 이론적으로 검토하지 않는다. 그의 동료들 가운데는 신앙 때문에 죽음을 당하기도 했다. 그가 「단순한 기도의 방법」을 집필하기 불과 몇 해 전에 친구이며 목회자였던 레온하르트 카이저(Leonhard Kaiser)가 바바리아에서 산 채로 화형을 당했다. 게오르크 빙클러(George Winkler) 역시 쾰른에서 살해되었다.

이렇게 동료들을 잃어버릴 무렵에 루터는 신장결석을 앓았는데, 어느 때는 생명이 위험할 정도로 고통이 심했다. 흑사병이 비텐베르크에까지 도달했을 때 아들 한스의 건강이 크게 악화되었다. 악의 세력이 총공세를 취하는 것 같았다. 그가 유명한 찬송가 〈내 주는 강한 성이요〉를 작곡한 게 그 당시(1527년)였다. 거기에 담긴 확고하고 강력한 믿음은 시적인 과장이 아니었다. 루터는 변함없는 하나님의 보호를 받았다.

친척과 재물과 명예와 생명을
다 빼앗긴대도
진리는 살아서 그 나라 영원하리라.

이교도나 교황에 대한 루터의 발언이 다소 과하다는 생각이 든다면 이와 같은 사례들을 반드시 고려할 필요가 있다. 당시는 아주 심각한 시기였다.

루터는 주님을 바라보면서 공동체를 염려하는 마음으로 기도했다. 그것은 우리의 기도가 절대적으로 요구되는 적대적이고 불신하는 세계에서 삶과 씨름하는 상황적 기도이다. 우리는 현대 세계의 거대한 흐름에 초점을 맞추기보다 범위를 좁혀서 우리 자신의 사소한 존재에 집중하고 있는 게 아닌지 질문을 제기해야 한다. 민족이나 국제적으로 빚어지는 비극적인 상황은 애정 있고 지적인 중보자를 절대적으로 필요로 한다. 오늘날 계속 이름이 오르내리는 일부 영향력 있는 지도자들은 자신들을 위해서 기도하는 사람이 전혀 없을 수도 있다. 기도하는 사람들은 그냥 지나치면 안 된다.

둘째, 루터의 기도는 그리스도의 영광에 대한 뜨거운 관심을 반영하고 있다. 첫 번째 간구에 대한 이런 언급은 그리스도의 유일성에 전적으로 헌신한 사내의 심경이 드러나 있다. 당시 수많은 신앙인들이 예배시간에 그리스도의 이름을 불렀지만 그들의 마음은 거리가 멀었다. 그들은 구원의 이름을 그릇되게 사용했다. 구원을 얻으려고 자신들의 공적을 의지하거나, 아니면 적당하게 값을 치르고서 천상의 투자로 돌려받기 위해 성인들의 공적을 과도하게 의지했다.

우리가 이런 문제들을 16세기의 부적절한 논쟁으로 치부하고 싶은 마음이 든다면 오늘날 수많은 사람들이 유일하신 그리스도를 외면한 채 구원을 얻으려고 다양한 방법을 활용해서 노력하고 있다는 사실을 명심해야 한다. 그들은 선행이나 도덕적 행동, 종교의식이나 교회에 대한 충성을 통해 구원을 이룩할 수 있다는 소망을 높이 평가한다. 말로는 표현하지 않더라도 스스로를 구원하고 싶어 하는 사람들이 세계 도처에 자리 잡고 있다. 처음에 루터가 타협하지 않은 채 단순하고 확실하게 발언한 메시지는 오늘날에도 적합하다.

> "우리가 칭의의 교리라고 부르는 이 견고한 바위는… 우리가 죄, 죽음, 그리고 사탄으로부터 구속받았고, 우리 자신이 아니라(그리고 분명히 우리 공적 때문이 아니라) 다른 존재, 즉 하나님의 독생자 예수 그리스도에 의해서 영생에 참여자가 되었다는 것을 가리킨다."

셋째, 루터의 기도는 현실적이다. 그는 일부 사람들이 그리스도와 무관하게 구원에 이르는 또 다른 길이 존재한다고 열심히 주장하는 이질적인 상황에서 살았다. 그가 이교도를 언급한 것은 16세기 이슬람교의 군사적 행동을 의식한 것이지만, 동시에 그것은 20세기 후반에 격화되고 있는 이슬람 근본주의의 공세와 서구 문화 내부의 다원주의를 연상시킨다. 다양한 신앙을 위한 여러 가지 종교의식의 진행은 1세기의 다원적인 환경에서도 사도들이 주 예수에 대한 확신을 공유하던 신약 성경의 타협을 모르는 메시지, 즉 "나로 말미암지 않고는 아버지께로 올 자가 없느니라"(요 14:6)로부터 비극적으로 이탈하는 것이다.

그처럼 선명하게 뒤따르는 그리스도인은 교회 최초의 전도자가 소유했던 확신에 참여하게 된다. 그는 그리스도의 유일하심을 강하게 거부하는 적대적인 청중을 마주하면서도 흔들리지 않고 자신의 확신을 선언했다. "다른 이로써는 구원을 받을 수 없나니 천하 사람 중에 구원을 받을 만한 다른 이름을 우리에게 주신 일이 없음이라"(행 4:12).

오늘날 하나님의 이름을 영화롭게 하기 위해서는 구원에 이르는 길이 여럿이라고 주장하는 종교 다원주의가 하나의 선택이 될 수 없음을 즉시 인정해야 한다. 종교의 자유는 당연히 존중되어야 한다. 그렇지 않으면 루터의 동료를 살해하거나 요즘보다 더 교묘하게 박해하는 자들과 동일한 취급을 받을 수 있다. 사람들은 제약을 받지 않고서 종교적 취향을 결정하고 표현할 수 있는 자유를 누려야 한다. 그렇다고 해서 우리의 예배 대상이 누구든지 관계없다거나 모든 종교가 천국을 보장한다는 것은 아니다. 루터는 그것을 이렇게 설명한다. "하나님이 주님이신 그리스도를 찾지 않는 이들은 그분을 만나지 못할 것이다."

루터가 하나님의 이름이 거룩히 여김을 받는 것을 기도하듯 성찰하는 것은 이웃과 동시대 사람들에게 애정 어린 복음적 관심을 표명한 것이다. 그는 이런 기도의 도입부를 변경해서 지금 하나님의 이름을 거룩히 여기지 않는 이들에게는 복음을 전해도 돌아서지 않을 것이라고 하나님께 호소한다. 그는 자신들을 위해 기도하지 않는 이들을 위해서 주님께 호소한다. "사랑의 주 하나님, 그들을 변화시키시고 막아주소서. 변화되어야 할 사람들을 변화시키셔서… 당신의 거룩한 이름을 그릇되게 사용하고 더럽히고 영광을 가리고, 그리고 불쌍한 이들을 잘못 인도하는 일을 그칠 수 있도록 변화되고 싶어 하지 않는 이들을 막아주소서."

루터는 우리가 기도할 때마다 아직 그리스도를 만나지 못하고 하나님을 진정으로 기쁘게 하는 유일한 방법, 즉 하나님의 아들을 인생의 유일한 구세주로 인정함으로써 영광을 돌리지 못하는 이들을 특별히 염두에 두어야 한다는 사실을 상기시킨다. 루터는 영혼에 대한 열정이 순수한 그리스도인의 두드러진 특징 가운데 하나로 간주한다. 그리스도의 생명수를 제아무리 많이 마시더라도 다른 사람들의 구원에 대해서 갈증을 느껴야 한다.

루터의 친구였던 젊은 귀족 하르무트 폰 크론베르크(Harmut

von Cronberg)는 핵심적인 사람들과 교류하면서 복음을 전하며 관심을 표명하기도 했었다. 이렇게 조심스럽게 시작한 일이 결국에는 용기를 내서 소책자를 출판하는 일에 나서게 만들었다. 그는 출판에 앞서 루터에게 소책자 한 권(『탁발수도회에 보내는 편지』)을 보냈다. 루터는 회신을 보내면서 개인 전도는 그리스도에 대한 부채를 의무적으로 알리는 것이라고 지적했다.

"하나님의 이름을 진심으로 받아들이는 사람이 드물고, 다수가 거침없이 박해한다네. …그렇지만 이 고귀한 이름은 절실한 굶주림과 그 무엇으로도 채울 수 없는 갈증을 유발하기 마련이지. 수많은 사람들이 그 이름을 믿고 있지만 우리는 그 누구도 그것을 갈급해 하지 않기를 지금도 바라고 있다네. 그런 갈증은 휴식을 모른 채 영원히 계속되고 우리로 하여금 입을 열어서 말하도록 만든다네."

언제나 현실적이었던 루터는 폰 크론베르크에게 복음을 전하고자 하는 이런 갈망은 반대에 직면할 게 분명하다는 것을 주지시킨다.

"자네 역시 형제들을 구원하고자 하는 갈망을 갖고 있을 것일세. 그것은 신앙이 순수하다는 확실한 표지이지. 자네를 여전히 기다리는 것은 괴로움, 즉 자네의 간절한 발언에 대한 비방, 수치,

그리고 박해뿐이라네."

그리스도의 메시지를 다른 사람들에게 소개하는 이들은 그 말을 들을 뿐 아니라 눈으로 확인할 수 있어야 한다는 것을 잘 안다. 우리의 모습이 우리가 하는 말을 제대로 전할 수 있다. 루터는 이발사 베스켄도르프에게 '선하고 거룩한 삶'과 일치하지 않는 '참되고 순수한 가르침'을 떠들어대는 위선으로부터 영원히 구원받을 수 있게 기도하도록 일깨운다.

하나님의 나라를 섬기라

루터는 "나라가 임하시오며"라는 간구를 묵상하다가 그리스도의 말씀을 그 당시에 박해받던 그리스도의 교회와 연결시킨다. 일부는 하나님이 허락하신 권위를 남용하면서 "세상을 다스리고… 섬기도록 허락하신 권세, 능력, 재물, 그리고 영광을 당신의 나라와 맞서겠다는 헛된 생각에" 거침없이 이용한다.

그 기도는 하나님의 선물이 크게 잘못 사용될 수 있다는 사실을 일깨운다. 루터는 교회와 국가에서 리더십을 책임지도록 위임을 받은 일부 사람들이 국민들을 다스리듯 하나님을 영화롭게 하지 않는 것을 가슴 아파했다.

"그들은 약하고, 멸시받고, 그리고 몇 안 되는 당신 나라의 작은 무리를 괴롭히고 훼방한다네. 당신에게 속한 무리를 용납하지 못할뿐더러 그들을 괴롭히는 것을 대단하고 거룩한 예배로 간주하기도 한다네."

루터는 동시대 사람들, 특히 하나님의 백성을 거침없이 박해하기로 마음먹은 사람들의 회심을 다시 한번 호소한다. 그렇지 않을 경우에는 적어도 그리스도께로 돌아서지 않으려고 하는 이들을 전능하시고 자비하신 하나님이 제지해 달라고 호소한다. 격렬한 박해가 빚어지고 있는 것은 분명했다. 루터는 특히 목회자들에게는 불가피하게 고난이 닥칠 수밖에 없다는 것을 알고 있었다. 루터는 95개 조항을 붙이고 나서 몇 개월이 지난 뒤에 동료였던 벤체슬라우스 링크(Wenzeslaus Link)에게 보내는 편지에서 이렇게 말했다.

"나는 복음을 전하고 싶어 하는 사람은 누구든지 과거의 사도들처럼 모든 것을 단념하고, 언제라도 가리지 않고 죽을 각오를 하는 게 마땅하다고, 그리스도께서 세상이 만들어질 때부터 말씀하셨다는 것을 잘 알고 있다네."

고난을 겪는 이들은 주님과 1세기 당시의 사도들을 뒤따르는 것이다. "복음은 죽음으로 값을 치렀고, 죽음으로 널리 전해졌으며, 죽음으로 보호되었다. …마찬가지로 그것을 보존하고 회복하기 위해서는 많은 죽음이 요구된다."

하나님의 뜻에 순종하라

또다시 루터는 복음을 반대하는 이들을 중재해야 하는 어려움을
겪어야 하는 처지에 놓이게 된다.

"당신의 선한 뜻을 인정하지 않는 이들을 변화시키셔서 그들과
우리가, 그리고 우리와 그들이 당신의 뜻을 위해 살아가고 당신
을 위해 어떤 불의와 십자가와 어려움이든지 간에 기쁘게, 끈기
있게, 달게 감당해서 당신의 인자하고, 자비롭고, 완전한 뜻을
인정하고, 살펴보고, 맛볼 수 있게 하소서."

루터는 하나님의 뜻이 자신이 생존하는 동안에 이루어지기를 기
도하면서도 남녀가 그리스도 안에서 신앙을 갖는 것은 하나님의 목
적과 무관하지 않다고 생각한다. 그뿐만 아니라 그는 하나님의 은총
을 제한하려고 하지 않는다. 그는 다소의 사울처럼 박해자들이 구속
자 쪽으로 돌아서도록 기도한다.

계속해서 루터는 하나님의 뜻을 따르고 싶어 하는 이들의 경우
에는 고난의 길을 피할 수 없다는 확신을 소개한다. 헌신한 신자에
게는 불행이 선택사항이 될 수 없다. 우리가 그리스도에게 끝까지
진실하고자 한다면 언젠가는 그 값을 치르게 된다. 그리스도와 하나

가 되고자 한다면 반박을 피할 수 없다. 루터는 헌신적인 친구 폰 크론베르크에게 아주 분명하게 말했다. "그리스도께서 있는 곳은 어디든지 유다, 빌라도, 헤롯, 가야바와 안나스가 그처럼 불가피하게 그분의 십자가가 될 수밖에 없다."

하나님의 공급하심을 인정하라

루터는 일용할 양식에 대한 간구에 도달하자 물질적인 먹을거리와 물리적인 공급이라는 문제를 넘어서서 인간이 존재하는 데 있어서 생명을 유지시키는 모든 차원을 포함하는 쪽으로 적용 범위를 확대시킨다. 그는 이 간구를 통해 다른 사람들을 보호하는 이들을 위해 기도하면서 하나님이 "모든 국왕과 지도자들에게… 평온하고 정의롭게 자신들의 영토와 백성을 보존할 수 있게 해달라"고 간구한다. 그는 단순히 군주들이 아니라 사람들을 위해 군주의 모든 신하가 "충성스럽게 순종하는 자세로 섬기도록 그들에게 은총을 허락해달라"고 기도하면서 "도시에 살든지 시골에 살든지 간에 누구나 부지런하고 서로를 사랑하고 성실하게 대하게 허락해달라"는 것까지 기도의 내용에 포함시킨다. 루터는 거룩한 공동체가 엄청난 축복을 누리고 있다는 것을 알고 있었고, 그래서 자신이 제시하는 매일의 기도 모범에 정치와 사회적인 문제를 포함시켰다.

요즘 영국 사회는 캐어(CARE : Christian Action, Research and Education)의 봉사자와 다른 단체들이 국가의 복지에 관심을 갖고서 우리를 돕기 위해 하루도 거르지 않고 탁월한 자료를 제공한다. 그들은 의회의 구성원과 가족들을 위해 지혜롭게 기도하고, 사회에 걱정스러울 정도로 급속히 번지는 폭력을 평화의 하나님과 함께 중재하고, 정부와 경찰 업무를 담당하는 지도자들, 그리고 어떻게 해야 폭력범죄의 빈도를 줄일 수 있는지 분명하게 파악하지 못하는 지역 사회의 지도자들을 위해 기도하도록 격려한다. 그들은 정부와 방송 책임자들에게 잡지나 비디오, 게임과 영화, 그리고 텔레비전 프로그램 가운데 폭력적이고 도덕적으로 수준 낮은 내용을 축소하도록 적절한 조처를 취하도록 설득하려고 노력하는 이들을 위해 기도하도록 우리를 초대한다.

우리는 교육정책을 수립하는 것과 교사로서 봉사하는 이들을 위해 진리의 하나님께 기도해야 한다. 그들 가운데 상당수가 심각한 문제들을 겪고 있으면서도 성장 과정에 있는 많은 어린이들을 지도하는 일을 맡고 있기 때문이다. 우리는 생명을 허락하시는 창조주에게 안락사를 합법적으로 허용하려고 입법을 추진하려는 이들에 관해 간구하지 않으면 안 된다. 우리는 사랑이 많으신 하나님과 함께 집이 없는 수많은 사람들을 위해, 그리고 그들을 구조하고 도움을 베푸는 헌신적인 사람들을 위해 중재에 나서야 한다. 우리는 아동학대, 성적 관용, 인간의 생명과 관계된 의료윤리의 복잡한 문제들, 낙태 문제 등에 관해서 언제나 우리를 보살피시는 하나님께 간구해야 한다. 루터가 만일 오늘날의 문화를 경험했다면 이런 것들을 매일의 기도 제목 가운데 전면에 배치하고서 외면하지 않았을 것이다.

주님의 기도에 포함된 간구 때문에 영감을 받은 루터는 자신의 가족을 위해서도 기도한다. "당신에게 내 집과 재산, 아내와 자녀를 맡깁니다. 그들과 잘 지내게 해주시고, 그리스도인으로서 살아갈 수 있도록 도와주고 가르치게 하소서."

그는 사랑스러운 남편이자 훌륭한 아버지였다. 또한 기독교 가정이라는 축복을 소중히 여기던 가정적인 인물이었다. 가정생활에는 음식을 마련하는 데 필요한 돈을 넉넉히 벌어들이고, 함께 휴식을 취하기 위해서 시간을 배분하는 것 그 이상이 존재한다고 생각했다. 그는 아내 카타리나와 사랑스러운 자녀들과 더불어서 규칙적으로 기도하는 것을 중요하게 여겼다. 그의 간구는 배우자와 자녀를 위한 중보기도의 중요성을 깨우쳐준다. 홀로 지내는 사람들이라면 자신이 알고 있는 가족들(특히 가정이 파괴될 위험에 처해 있는)을 위해서 기도하고, 오늘날의 세계에서 싱글로 살고 있는 그리스도인을 찾아가서 헌신적인 아버지와 어머니를 경험해보지 못한 그들에게 '믿음의 부모'가 될 수 있는 기회를 놓치고 싶지 않을 것이다.

하나님은 이 모든 필요를 채울 정도로 한없이 공급하신다. 사랑을 베풀 기회를 놓치고 싶어 하지 않는 이들이라면 지혜롭게, 그리고 확신을 갖고서 하나님을 찾아가야 한다. 전능하시고 자비하신 하나님이 사회의 온갖 문제를 완벽하게 해결할 수 있다는 믿음을 가져야 한다.

하나님의 용서를 받아들이라

루터는 "우리 죄를 사하여 주시옵고"라는 다섯 번째 간구를 다루면서 개인적인 용서의 필요성과 우리를 해코지할 수 있는 사람들에게 용서의 마음을 유지하는 것의 중요성을 강조했다. 그는 영적으로나 육체적으로나 말로 표현할 수 없을 만큼 베푸신 선하심에 감사하지 않은 죄를 고백했다. 아울러 우리가 죄를 범하고, 하나님의 마음을 아프게 해놓고도 의식하지 못했던 순간들 역시 용서를 받아야 한다고 지적한다. "나를 숨은 허물에서 벗어나게 하소서"(시 19:12). 루터는 용서를 돈으로 구입하거나 획득하거나 공적으로 얻을 수 없다고 강조하면서, 하나님이 우리가 얼마나 선하고 악한지 살피지 마시고, 오직 그리스도 안에서 우리에게 허락하신 한없는 자비하심으로 살펴달라고 간구한다.

루터는 더 나아가서 우리가 어떤 해를 입는다 하더라도 누구에게도 악한 감정을 갖지 않는 것이 영적 성장에 얼마나 도움이 되는지 알고 있었다.

"우리를 괴롭히고 잘못한 이들을 진심으로 용서하오니 그들을 용서하소서. 그들의 잘못은 당신의 화를 자초해서 스스로에게 더할 수 없는 해를 입히고 있습니다. 그들이 멸망하더라도 우리에게는 도움이 되지 않습니다. 오히려 우리와 더불어서 구원받기를 더욱더 기대합니다."

루터는 예민한 목회적 감수성 덕분에 다른 사람들의 범죄에 의해서 상처를 입은 사람들은 그들을 용서할 수 없다고 생각한다는 사실을 알고 있었다. 이런 경우에 그는 용서하지 못하는 이들에게 하나님의 사랑이 넘쳐흐르는 기적이 일어나서 어떤 식으로든지 자신들의 삶을 성가시게 하고 해를 끼친 사람들을 용서할 수 있는 은총을 구하는 기도를 하도록 재촉했다. 여기서 그는 우리에게 죄를 범한 이들을 용서해야 하는 이런 간단하지 않은 주제가 설교와 관계가 있는 문제라는 메모를 설교자들을 위해서 추가했다.

하나님의 능력을 주장하라

"우리를 시험에 들게 하지 마시옵고"라는 간구를 설명하면서 루터는 기도하는 신자의 대표적인 원수인 사탄을 다시 거론한다. 그는 이 부분을 묵상하면서 그리스도인들로 하여금 전적으로 헌신하지 못하게 만드는 두려운 사탄이 세 가지의 장치를 활용한다고 말한다. 첫째, 사탄은 마치 모든 것을 얻은 양 만들어서 나태한 자기만족에 빠지도록 조장한다. 둘째, 사탄은 우리의 대표적인 소유인 하나님의 소중한 말씀을 앗아간다. 그리고 끝으로 셋째, 신자들 사이에 다툼과 파벌을 형성하도록 만든다.

루터는 말씀에 부지런히 관심을 갖고 부단히 성령님을 의지할 때에만 사탄을 물리칠 수 있다고 생각했다. 그는 이 소박한 기도 안에 원수의 활동과 전혀 상반된 성령님의 왕성한 역사를 정교하게 배치했다. 삶 속에서 활동하는 사탄 때문에 좌절하는 그리스도인들은 무관심하고, 나태하고, 늘어지지 않도록 말씀을 따르고 의식하며 갈망하고 게으르지 않기 위해서 루터와 함께 기도한다.

그는 그리스도인들에게 있어서 최악의 상황은 영적인 생활을 하면서 할 수 있는 모든 것을 성취했다고 상상하는 것이라고 말한다. 모든 신자는 조심스럽게 영적으로 기대하면서 길을 재촉해야 한다. 계속되는 도전에 응답하고 새로운 기회를 놓치면 안 된다. 최악의 상황은 어떤 식으로든지 우리가 목적지에 도달했다고 생각하는 것이다. 루터는 클레르보의 베르나르(Bernard of Clairvaux)가 보여준 본보기를 몹시 존경했다. 그는 "진보하기를 포기할 때부터 선해지는 것은 불가능하다"라는 베르나르의 말을 특히 좋아했다. 루터가 이해하는 그리스도인의 삶은 역동적이다. 신자는 계속 움직여야 한다. 활기차게 길을 가지 않는 이들은 서서히 뒤쳐진다. 루터는 그리스도인은 누구든지 "하나님의 방식대로 앞으로 나아가지 않으면 뒤로 돌아서게 된다"고 주장했다.

루터는 훌륭한 그리스도인을 양육하려고 일평생 노력했다. 하나님은 탁월한 조각가처럼 작업을 처음 시작할 때부터 형태가 드러나지 않았거나, 심지어 가망성이 전혀 없는 소재를 대하더라도 무엇을 제작할 것인지 마음의 눈으로 확인하실 수 있다. 루터를 뛰어나게 해석하는 어느 학자는 이렇게 설명한다. "위대한 예술가가 다듬어지지 않은 대리석에서 완성된 조각상을 바라보듯이 하나님은 직접 의롭게 만드신 죄인 안에서 그를 가지고 만드실 의인을 이미 바라보신다."

이처럼 지극한 정성이 요구되는 작업은 일평생 지속되기 때문에 그저 그런 그리스도인의 삶에 만족해서 정착하는 것은 최악의 상황이다. 주님은 우리가 더 높고, 더 괜찮은 수준으로 전진하도록 계속해서 부추기신다. 사탄은 잠과 자기도취에 빠지게 만든다. 은총 속에서 성장하고 싶어 하는 그리스도인들은 하나님의 은총을 즉시 완벽하게 경험하게 된다. 그들은 찬송가의 가사처럼 하나님을 찬양한다. "아직 경험하지 못한 온갖 은총을 허락하신 당신에게 영광을 돌립니다."

보잘것없는 우리의 자원만 의지하게 되면 진전은 불가능하다. 신자들은 말씀의 능력과 성령의 역사를 전적으로 의지한다. 하나님의 말씀은 우리를 가르치고, 바로잡고, 격려하고, 영감을 불어넣는다. 하나님의 영은 사탄과 다투는 우리에게 능력을 허락하시고, 당당하게 사탄과 맞서고 승리를 거둘 수 있도록 지혜와 능력을 베푸신다.

우리가 시험을 이겨내기 위해서는 지혜와 능력이라는 두 개의 자질을 반드시 갖춰야 한다. 지혜는 성령님이 주신 기록된 말씀을 통해서 전달된다. "오직 성령의 감동하심을 받은 사람들이 하나님께 받아 말한 것"(벧후 1:21)이기 때문이다. 그 말씀 때문에 지혜롭게 된 우리는 바른 게 무엇인지 알게 되고, 성령님은 바른 것을 실천할 수 있는 도덕적 활력을 보장하신다.

하나님의 도우심을 구하라

일곱 번째 간구인 "다만 악에서 구하시옵소서"를 통해 루터는 그 시대의 위험, 불확실함, 그리고 원한과 불신을 성찰한다. 당시는 삶이 벅찼고, 위험한 유혹이 많았다. 대부분의 사람들에게 인생은 괴로움과 재앙이었다. 하나님의 말씀에 충성하기 위해 더할 수 없는 값을 치른 것은 앞에서 소개한 두 명의 순교자들만이 아니었다.

1520년에 루터의 교훈을 비난하는 교황의 교서 「주여, 일어나소서」가 내려진 직후에 처형이 진행되기 시작했다. 교서에는 2개월 안에 철회하지 않으면 정죄될 것이라는 내용이 담겨 있었다. 1523년 여름, 종교개혁자의 메시지를 듣고 변화된 두 명의 수도사들이 브뤼셀에서 화형에 처해졌다. 이듬해 루터는 자신의 동료 게으로그 스팔라틴(George Spalatin)에게 비엔나의 상인이었던 카스파르 타우버(Caspar Tauber)의 처형을 서신으로 소개하면서 "하나님의 말씀을 전한 것 때문에 참수되어 화형을 당했다"고 알렸다. 루터의 저서를 배부하는 이들이 특히 위험했다. 부다페스트에서는 도서를 판매한 어느 그리스도인이 그의 저서에 둘러싸인 채 화형을 당했지만, 그는 주님을 위해서 용기 있게 고통을 감수했다.

루터는 생명이 위협을 받는 그런 상황을 염두에 두고서 자신과 동료들이 죽음을 마주해도 두려워하거나 낙심하지 않고 흔들림 없는 믿음으로 자신들의 영혼을 하나님의 손에 맡길 수 있게 기도했다. 이 세상에서는 용기를, 내세에 대해서는 확신을 가질 수 있게 기도하는 감동적인 간구였다.

　오늘날에도 그리스도인들 가운데 일부는 그리스도 때문에 생명의 위협을 받고 있다. 위험한 상황에서 그리스도를 증거하는 이들은 보다 안전한 세계에 사는 동료 그리스도인들의 기도와 후원이 필요하다. 중국의 일부 그리스도인들은 십자가 아래서 살아가는 게 무엇인지 알고 있고, 다른 국가에서도 동료 그리스도인들이 예수님 때문에 일터에서 쫓겨나고, 투옥되고, 포로가 되며 생명을 잃고 있다. 순교는 과거의 일이 아니다. 영웅과 같은 사람들이 주님 때문에 고통을 겪고 있다. 그러나 그들은 같은 하늘 아래서 만날 가능성이 없는 사람들의 기도 덕분에 계속해서 견뎌나갈 수 있다.

기도할 때 결코 혼자가 아니다

　　루터는 주님의 기도에 대한 일곱 가지 간구에 대해 묵상을 마치면서 친구에게 기도할 때마다 고독한 수행자처럼 하나님의 임재 앞에 무릎 꿇으면 안 된다고 강조했다. 루터는 기도의 장소에서는 외로움이 할 수 있는 게 전혀 없다고 주장한다. 하나님은 그 누구도 입을 떼지 않기나 하는 듯이 기도하는 사람에게 의도적으로 귀를 기울이신다. 하지만 하나님은 모르는 게 없으시고, 어느 곳에나 계시며, 무엇이든지 가능하시기 때문에 누구의 기도든지 환영하신다. 기도하는 순간 물리적으로는 누구도 함께하지 않아도 하나님 앞에 나아가면 결코 혼자가 아니라는 것을 깨달으면 용기를 낼 수 있다.

> "자네가 홀로 무릎을 꿇거나 서 있다고 생각하지 말고 기독교 국가 전체, 그리고 경건한 그리스도인 모두가 자네 옆에 서 있으며, 자네가 그들과 함께 힘을 합쳐서 하나님이 외면하실 수 없는 간구를 하고 있다는 것을 떠올려야 한다네."

이 작은 책을 가지고 유배지에서 홀로 지내던 페터 베스켄도르프에게 이 한 개의 문장이 얼마나 큰 위로가 되었을지 우리는 짐작할 수 없다. 어쩔 수 없이 가족과 떨어져 지내며 경솔한 행동을 뉘우치고 기도하던 그는 한 번도 본 적이 없는 신자들이 자신을 둘러싼 채 합심해서 용서, 평화, 그리고 희망을 불어넣고 있다고 생각하지 않을 수 없었다.

반드시 응답된다는 확신을 가지라

루터가 기도에 관해서 확실하게 소개한 또 다른 내용은 눈으로 볼 수 없는 수많은 기도의 사람들이 함께하고 있을 뿐 아니라 기도가 응답된다는 확신이었다. 그는 기도를 마무리하면서 자신 있게 '아멘'을 덧붙이라고 권한다.

> "자비하신 하나님이 자네에게 분명히 귀를 기울이시고 자네의 기도에 '그렇게 하겠다'고 말씀하신다는 사실을 어떤 경우에도 의심하면 안 되네. …다음과 같이 결론을 내리지 않은 채 기도를 그쳐서는 안 되네. '정말 하나님이 내 기도를 들어주셨다. 나는 이것을 확실하게 흔들림 없이 믿는다.' 이것이 바로 아멘의 의미일세."

기도하는 사람은 기도할 때 외로움을 느껴서는 안 된다. 그들은 눈에 보이지는 않지만 확실한 신자들의 무리에 둘러싸여 있기 때문이다. 헛된 기도를 하고 있다고 낙담할 필요도 없다. 도움이 필요한 자녀의 부르짖음에 귀를 기울이는 사랑스러운 아버지가 일일이 관심을 갖고 기도를 들으시기 때문이다. 사랑스러운 아버지는 무엇보다 자녀들의 간절한 기도 그 이상으로 그들과 대화하고 싶어 하신다.

무엇보다 성령이 강력히 역사하신다

루터는 기도에는 말하는 것 그 이상이 존재한다고 강

조한다. 그리스도인들이 하나님을 만날 때는 조심스럽게 그분의 말씀을 듣는다. 루터는 우리가 기도하는 동안에 우리의 교사가 되시는 성령님은 무엇보다 강력하게 사역을 진행하신다고 생각한다. 우리는 지나치게 말을 많이 하거나, 아니면 잘 정리된 기도문을 활용하는 식으로 기도를 혼란스럽게 만들면 안 된다. 그때는 주님의 기도 역시 도움이 되지 않는다. 우리는 미리 만들어진 기도의 틀을 따라서 다음 단계로 넘어가기에 바쁘다 보니 하나님이 우리와 함께 나누고 싶어 하시는 것을 간과하기도 한다. 그래서 루터는 우리가 주님의 기도 가운데 한 가지 내용의 도움을 받아서 기도하다가 괜찮은 생각들이 쏟아지면 이렇게 하라고 조언한다.

"나머지 간구들을 미뤄둔 채 그런 생각에 필요한 여유를 갖고, 침묵하면서 귀를 기울이되 무슨 일이 있더라도 가로막아서는 안 되네. 이 순간에 성령님이 교훈을 주시기 때문에 그분의 한마디 가르침은 우리가 수천 번을 기도하는 것보다 훨씬 더 낫다네. 많이 읽고 깊이 생각해서 깨우치는 것보다 한 번의 기도로 더 많은 것을 깨달을 때가 더 많다네."

루터는 스가랴 선지자의 메시지를 학생들에게 강의하면서 말했다. "만일 우리의 기도가 하나님께 전달되기를 바란다면 무엇보다 주님의 말씀에 귀를 기울여야 한다. 그렇지 않으면 눈물을 흘리고 부르짖더라도 — 눈물을 쏟고 울부짖어도 — 귀를 기울이지 않으실 것이다."

하나님을 경홀히 여기지 말라

유머 감각이 뛰어난 루터는 기도를 하면서도 무슨 말을 하는지 그다지 신경 쓰지 않는 바르지 못한 기도 습관을 지적하면서 아주 탁월하게 유머를 활용한다. 그런 비판에서 자유로운 사람은 거의 없다. 그는 핵심을 지적하기 위해 분주한 신부와 부주의한 이발사를 예로 들어서 설명한다.

분주한 신부는 직접 처리해야 할 일정한 규모의 종교적인 업무가 있기 때문에 집에서 기도하면서도 마음은 다른 곳에 가 있기 때문에 계속 다른 문제들에 매달린다. 그는 익숙하게 말을 쏟아내고 미리 정해진 표현을 쉽게 말하지만, 실제로는 기도를 마칠 때까지 집에서 부리는 일꾼들이 시간을 허비하는 일이 없도록 집안의 허드렛일에 머리를 굴리느라 정신이 없다. 루터는 조롱하는 비판자가 아니라 위험을 알고 있는 사람처럼 상황을 설명한다.

"쓸데없는 말을 하고 이런저런 생각을 하는 것보다 하나님을 시험하는 게 또 있겠는가? 그것은 이렇게 기도하는 신부와 다르지 않다네. '하나님이여, 속히 나를 건지소서. 일꾼아, 말은 풀어놓았느냐? 여호와여, 속히 나를 도우소서. 하녀야, 나가서 우유를 짜 오거라. 성부와 성자와 성령께 영광이 있으라. 아이야, 눈썹이 휘날리도록 급히 서둘러라!'"

루터는 이렇게 덧붙인다.

"교황을 따르던 시절에 많은 사람들이 그렇게 기도하는 것을 들었네. 그들의 기도는 대개 그런 식이었지. 이것은 하나님을 모독하는 일이라네. 올바로 기도할 수 없거나 집중할 수 없다면 놀이를 하는 편이 더 나을 걸세."

루터는 그런 종류의 경험을 머릿속에서 떨쳐낼 수 없었다. 그는 젊은 수도사 시절에 로마를 처음 방문한 때를 아주 고통스럽게 떠올렸다. 당시에 엄청난 특권 의식에 압도되었지만, 대중 예배시간에 진심이 담긴 기도를 하고 싶어 했었다. 하지만 성 베드로 성당 내부에 있는 이탈리아 출신 동료들에게서 인내심을 찾아볼 수 없었다. 그는 기도를 신속하게 마무리하지 못했다. 동료들이 그에게 "파싸, 파싸"(Passa, passa)라고 소리를 질러댔다. 빨리 끝내라는 뜻이었다.

그런데 루터는 너무 정직하다 보니 다른 사람을 비난할 수 없었다. 그는 자신도 마찬가지로 경건하지 못한 기도를 하던 순간이 있었다고 인정했다.

"안타깝게도 나 역시 대부분 그렇게 기도시간을 보냈고, 기도를 시작한 것인지 아니면 진행 중인지 깨닫기 전에 찬양이나 정해진 시간을 끝마쳤다네."

물론 루터는 모든 사제가 자신이 말한 것처럼 일거리와 기도를 뒤섞지 않는다는 것을 알고 있었다. 하지만 우리 가운데 일부처럼 주의가 산만하다는 말을 듣는 것은 아니더라도 속으로는 그렇게 생각한다.

"그들은 이런저런 생각을 하다 보니 기도를 끝마치고 나서도 자신들이 무슨 행동을 했고 무엇을 말했는지 알지 못한다네. 찬양으로 시작하다가도 곧장 바보의 낙원을 향해서 달려가기도 하거든."

갈피를 잡지 못하는 우리의 마음을 누구든지 볼 수 있게 대형 스크린에 투사한다면 얼마나 당황스러울까! "차갑고 혼란스러운 마음으로 기도하는 순간 무슨 일이 벌어지고 있는지 의식하지 못하는 사람은 그보다 터무니없는 말장난이 있을 수 없다는 것"을 거의 파악하지 못한다. 루터는 기도를 시작할 때부터 마치는 순간까지 그 내용과 생각을 남김없이 기억하는 게 얼마나 중요한지 모른다고 말한다.

루터는 두 번째 사례에서 페터 베스켄도르프와 그의 직업을 직접 염두에 두고 있다. 주의를 집중해야 할 필요성을 강조하기 위함이었다.

> "마찬가지로 솜씨 좋고 몰입하는 이발사는 생각과 관심과 시선을 면도칼과 머리카락에 고정한 채 면도와 이발이 얼마나 진행되었는지 주시한다네. 만일 그가 대화에 너무 자주 끼어들거나 마음이 심란하거나 다른 곳을 바라본다면 손님의 입이나 귀, 아니면 목에 상처를 입힐 수도 있지."

베스켄도르프는 부주의한 이발사가 목에 상처를 입히는 장면을 연상하고 웃음을 터뜨렸겠지만, 루터는 "그러니 무슨 일이든지 제대로 처리하려면 무엇 하나 놓치지 말고 제대로 주의를 집중해야 한다"라고 지적하면서 핵심을 강조한다. 그는 익숙한 말을 인용한다. "잡다하게 생각하는 것은 전혀 생각하지 않는 것이라서 도움이 되지 않는다." 따라서 "좋은 기도가 되기 위해서는 한 가지에 집중하는 마음이 얼마나 필요한지" 알 수 있다.

이 대목에서 루터는 '주님의 기도'가 지니고 있는 강점을 강조하고 위험성을 드러내면서 자세하게 검토한다. 그는 그것에 질려본 적이 없었다. 아기처럼 그것을 마시고 어른처럼 먹고 마셨다. "정말 뛰어난 기도이고, 시편보다 훌륭하다. 나는 그 기도를 아주 소중하게 생각한다."

기도의 틀을 잡기 위해 주님의 기도를 활용하면서도 그는 한 번도 후회한 적이 없었다. 그는 주님의 기도를 이해하지 못해서 어려움을 겪지 않았다. 살아계신 주님이 직접 가르쳐주신 게 분명하기 때문이다. 어렵다면 그것을 활용하는 사람들의 몫이다. 대단한 문장들을 허겁지겁 넘어가다 보니 엉망이 되고 만다. "대단한 주님의 기도가 세상에서 제대로 대접을 못 받으니 정말 안타까운 일이다!"

한 해 동안 주님의 기도를 수천 번씩 하는 사람들이 많지만 그들이 그렇게 천 년을 반복한다 해도 그 기도를 일점일획도 맛보지 못했거나 기도하지 않은 것일 수 있다는 것은 비극이다. 루터는 이렇게 평가한다. "주님의 기도는 지상에서 최고의 순교자이다. 누구든지 고문하고 학대한다. 제대로 사용해서 위안과 기쁨이 되는 경우는 드물기만 하다." 그는 생각을 하지 않는 사람들의 기도에 반복해서 등장하는 하나님의 이름 역시 마찬가지일 수 있다고 말한다. 하나님이라는 단어는 더욱 심해서 거기에 포함된 무한한 가치를 철저히 무시하고 그냥 떠들어댄다는 것이다.

끊임없이 기도의 능력을 추구하라

　　　　　루터는 계속해서 자신의 기도 습관을 소개한다. 주님의 기도를 검토할 수 있는 시간과 기회를 가졌으니 십계명 역시 네 개의 가닥으로 삼아서 화관을 만들겠다는 것이다.

> "첫째, 나는 각각의 계명을 실제로 의도가 담겨 있는 가르침으로 생각하고, 주 하나님이 내게 아주 간절히 요구하시는 내용으로 간주한다네. 둘째, 나는 십계명을 감사기도로 표현한다네. 셋째는 고백한다네. 그리고 넷째는 기도한다네. 이것을 다음과 같이 생각이나 글로 표현할 수 있다네."

　　루터는 기도의 이런 네 가지 부분을 네 권의 책, 즉 '배움의 책, 찬양의 책, 참회의 책, 그리고 기도의 책'으로 삼아서 검토한다. 그는 계명을 일일이 묵상하면서 이런 내용이 마음을 가다듬게 하고, 찬양하게 하고, 죄를 고백하게 하고, 그리고 기도하게 하는 절차를 확인한다.

　　그는 이 사중적인 구도를 기계적으로 활용하거나 계명 하나하나에 얽매이면 안 된다고 한 번 더 주장한다. "이 모든 것을 그대로 지키겠다고 보증하지 않도록, 그리고 영적으로 지치지 않도록 조심해야 한다." 기도의 가치는 길이와 무관하다. 기도는 얼마나 의지하는

지, 그리고 신실한지에 따라서 평가를 받는다. "좋은 기도는 길게 오래 하지 않고, 뜨겁게 자주하는 것이다."

루터는 네 권의 책과 같은 구조를 "마음의 불을 붙이는 데 사용한다"고 말한다. 묵상하거나 기도하는 동안에 가슴이 뜨거워지고, 마음이 자극을 받아서 의지가 행동에 나서게 될 때는 한 개의 계명을 계속 붙잡거나, 아니면 일부에만 집중하는 것으로도 충분하다. 그는 묵상의 과정에서 성령님의 역할을 일차적으로 부각시킨다. 그분은 우리의 탁월한 교사가 되신다. 성령님은 "하나님의 말씀을 통해서 우리의 마음이 깨끗해지고 쓸데없는 생각과 관심이 사라지는 순간에 이것을 우리에게 허락하시고 계속해서 교훈하신다."

주님의 기도와 마찬가지로 루터는 계명으로 이루어진 네 권의 책에 필요한 자료를 어떻게 이끌어내고, 묵상 과정에서 드러난 진리를 어떻게 진술할 수 있는지 일련의 사례들을 제시한다. 루터가 설명한 것을 그대로 반복하지 않더라도 주제를 전개하는 방법을 보여주는 몇 가지 사례들을 통해 도움을 얻을 수 있다.

루터는 가르침, 감사, 고백, 그리고 기도라는 네 권의 책에 해당하는 자료를 확인하기 위해 첫 번째 계명을 검토하기 시작한다. "나는 네 하나님 여호와니라. 너는 나 외에는 다른 신들을 네게 두지 말라." 이 구절을 거론하는 배움의 책은 하나님의 위대하심과 특별하심을 주장한다. 그것은 종교개혁자에게 무슨 일이든지 자신을 진정으로 신뢰하기를 기대하고, 루터의 하나님이 되는 게 하나님의 가장 큰 소원이라는 것을 가르쳐주었다. 그런 관계에는 절대적인 충성이 요구된다. "내 마음은 다른 것을 의지하거나 그 어떤 것도 신뢰할 수 없는데, 부유함이나 체면, 지혜, 권세, 경건이나 그 무엇도 마찬가지다."

루터의 개인적인 찬양의 책에 포함될 수 있는 찬양 주제는 진정으로 자비하시고 신뢰할 수 있는 하나님께 감사하는 것이다. 그는 이렇게 감사한다.

> "나는 하나님의 한없는 동정에 감사한다네. 그분은 아버지처럼 나를 찾아오시고, 부탁이나 요구가 없어도 공로를 내세우지 않으시면서 나의 하나님이 되어주시고, 필요한 순간마다 위로와 보호와 도움과 능력을 베풀어 주신다네. …어찌 그분에게 영원히 감사하지 않을 수 있겠는가!"

루터는 이 계명을 의지해서 참회의 책에 "나는 평생 아주 탁월한 교훈과 아주 소중한 선물을 어리석게 멸시하고, 헤아릴 수 없을 만큼 우상을 숭배해서 하나님의 분노를 크게 자극한 죄를 저지르고 은혜를 저버린 것"을 기록한다. 그는 이런 죄를 고백하고 용서를 구하는 기도를 한다.

이 첫 번째 계명을 통해 영감을 받은 종교개혁자의 기도의 책은 이런 교훈을 하루도 거르지 않고 더 자세히 익히고 이해하고, 그것들을 진심으로 확신하면서 살아갈 수 있도록 하나님께 간구한다. 그는 이렇게 기도한다.

> "내 마음을 지키셔서 또다시 잊어버리고 감사를 잊는 법이 없게 하소서. 다른 신이나 세상의 위로나 어떤 피조물을 따르지 않게 하시고, 나의 유일한 하나님이 되시는 당신만 진정으로 좇을 수 있게 하소서. 사랑하는 하나님 아버지께 아멘을 돌립니다. 아멘."

계속해서 루터는 하나님의 이름을 헛되이 부르지 않는 것과 관련된 계명을 거론하면서 배움의 책에 따르면 자신의 명예나 이름을 자랑하거나 추구해서는 안 된다고 주장한다. 이 교훈은 우리의 거만함과 자기주장을 비난한다. 진정한 신자는 뛰어난 하나님이 자신의 하나님이라는 것을 자랑과 영광으로 삼는다.

여기서 찬송의 책은 우리가 하나님의 이름 덕분에 하나님의 종, 피조물, 자녀, 대사라는 이름을 가질 수 있으니 즐거워하고, 엄청난 특권을 의식하라고 격려한다. 이 계명에 따르면 우리가 삶 속에서 온갖 것들을 경험할 때 하나님의 특별한 이름은 의로운 사람이 피신해서 보호받는 강력한 성과 같은 피난처가 되어준다는 것에 역시 감사하라고 교훈한다.

여기서 고백의 책은 루터가 적잖게, 그리고 부끄럽게 이 계명을 어겼을 뿐 아니라 생각하고 말할 수 있게 허락하신 하나님의 선물에 감사하지 않았고, 수치와 죄악을 좇느라 그분의 이름을 더럽히고, 거짓을 말하고, 배반하면서 잘못 사용했다고 인정한다.

그의 기도책에는 "이후로 이 계명을 배우고(순종하고) 하나님의 이름을 거부하면서 감사를 모르고, 악용하고, 죄를 범하지 않고, 그분의 이름을 존중하고 영광스럽게 대하면서 감사할 수 있는 도움과 능력"에 대한 간구가 포함되었다.

루터는 나머지 계명들 역시 일일이 같은 방식으로 검토한다. 그는 경건하게 익숙한 내용을 묵상하면서 각각의 계명으로부터 네 가지 책에 필요한 내용을 한층 더 이끌어낸다. 성령님은 거듭해서 그의 마음에 불을 일으키셔서 가르침대로 하나님을 경배하고, 용서를 받아들이고, 능력을 추구하도록 줄곧 귀를 기울이게 만드셨다. 그는 책의 마지막 부분에 십계명처럼 사도신경을 가지고서 네 가닥의 화관을 만드는 방법을 보여주는 실제 사례를 포함시켰다.

성삼위 하나님을 신뢰하고 의지하라

기도는 단순히 배우고 감사하고 고백하고 요청하는 게 아니다. 기도는 하나님의 임재 안에서 우리가 그분에 대해 믿는 모든 것에 감사하고 인정하는 것이다. 16세기 종교개혁 시대에는 교리를 인정하고 가르치는 게 아주 중요했다. 루터는 가톨릭의 교리를 단순히 비난만 해서는 전혀 도움이 되지 않는다는 것을 알고 있었다. 개신교인들은 자신들의 진정한 신앙을 공개적으로 밝혀야 했다. 그 때문에 루터는 사도신경의 세 가지 위대한 주제들, 즉 창조주 하나님, 구속자 그리스도, 그리고 거룩하게 하시는 성령님을 묵상하는 것으로 자신의 저서 마지막 부분을 마무리했다.

하나님에 대한 확신

루터는 "전능하사 천지를 만드신 하나님 아버지를 내가 믿사오며"라는 문장을 묵상하는 순간에 하나님의 성품, 인간의 본성("당신이 누구이고, 당신이 어디에서 왔고"), 그리고 놀라운 창조("당신은 하나님의 피조물이고, 손수 만드신 작품")처럼 묵상해야 할 주제들이 계속해서 솟아난다. 우리가 이 교훈을 살펴보기 위해서는 우리를 만드시고(창조자) 사랑하시는(아버지) 하나님께 전적으로 신세를 지고 있음을 명심해야 한다. 우리는 스스로에 대해서 "아무것도 아니고, 아무것도 할 수 없고, 아무것도 알지 못하고, 아무것도 해낼 수 있는 능력이 없다"고 생각해야 한다. 하나님은 우리를 만드실 때 감사하게도 숨을 쉴 수 있게 하셨다. 그래서 "하나님은 언제든지 멸망시킬 수 있는 창조자"이시다.

찬양의 책에 포함된 찬양의 주제가 되는 사도신경의 이 주제 덕분에 우리는 "하나님이 아무것도 없는 상태에서 창조하시고, 아무것도 없는 상태에서 매일의 필요를 제공하시니 감사할 수밖에 없다. …우리를 몸과 영혼과 지능과 오감을 소유한 아주 탁월한 존재로 만드셨고" 인간이 특별한 피조물이라는 것을 용기 있게 감사할 수 있다.

이 진리는 우리의 고백의 책에 한 가지 내용을 포함시키도록 요구한다. 우리는 사고할 줄 모르는 짐승보다 더 어리석게 믿음과 감사하는 마음을 갖지 못했음을 탓해야 한다. 우상숭배와 감사를 모르는 마음은 죄 가운데서 단연 으뜸이다. 하나님을 하나님으로 인정하지 못하고, 그에 따른 공백 상태에서 하나님의 자리에 스스로를 올려놓는 것이다. 고든 럽(Gordon Rupp)의 말을 빌자면 이 종교개혁자는 "인간의 재앙이 감사를 모르는 상태에서 비롯된다"고 주장한다. 루터는 이렇게 경고한다. "지옥의 단계에는 순서가 있다는 것에 주의해야 한다. 첫째는 감사하지 않는 것이다. …둘째는 허영심, 즉 혼자의 힘으로 살아가는 것이다."

감사를 모르는 마음이 우상숭배로 흐르고, 자기숭배가 최악의 효과를 발휘하는 우상숭배로 바뀌는 것은 순식간의 일이다. 우리는 스스로의 생각을 떠받들고, 고집을 피우고, 욕구를 충족하느라 정신을 놓게 된다. 로마서를 주석하면서 루터는 이렇게 설명한다.

"성경에 따르면 인간은 스스로를 위해서 혼자 힘으로 신체적으로는 물론 영적인 것까지 악용할 정도로 스스로를 왜곡시켰다. … 인간은 다른 모든 것보다, 심지어는 하나님보다 스스로를 사랑

한다. …(인간은) 최종적으로, 그리고 궁극적으로 자신에게만 관심을 가졌고…(그리고 육체는) 그 자체만 사랑하고 다른 모든 것, 심지어 하나님까지 이용한다."

신자들은 이 신앙고백의 내용을 염두에 두고서 스스로를 살펴야 한다. 기도의 책에는 우상숭배를 벗어나 '진솔하고 확신하는 신앙'을 가지고서 아낌없이 주시는 창조자를 즐거워하고 자비하신 아버지를 신뢰한다는 간구가 포함되어야 한다.

그리스도 안에서의 평안

루터는 그리스도와 특별한 구속 사역에 관한 두 번째 주제를 다루면서 신자들의 확신에 특히 관심을 집중한다. 그리스도인의 구원에 관한 가톨릭의 확실하지 않고 애매한 태도와 극명하게 대조를 이루는 개신교의 확고한 교리가 여기에 자리 잡고 있다. 하나님이 우리의 창조자라는 사실을 인정한다면 그와 마찬가지로 그리스도께서 우리의 구세주이며 구속자가 된다는 것을 알 수 있다.

"사도신경의 첫 번째 부분에서 자네 자신을 하나님의 피조물 가운데 하나로 간주하고 의심하지 않았듯이 스스로를 구속받은 사람 가운데 하나로 인정하고서 전혀 의심하면 안 되네. 가령 다른 무엇보다 한 개의 단어, 즉 예수 그리스도, 우리 주님을 강조해야 한다네. 우리 때문에 고통을 겪으셨고, 우리 때문에 죽으셨고, 우리 때문에 살아나셨네. 이 모두가 우리를 위한 것이고, 우리와 관계가 있다네. 이 우리 안에는 하나님의 말씀이 선언하듯이 자네도 역시 포함된다네."

배움의 책에 포함된 그리스도인의 확신에 관한 위대한 진리는 찬양의 책이 감사의 찬송을 전달한다는 사실을 분명하게 보장할 것이다. 덕분에 우리는 흔들림 없는 믿음을 가진 그리스도인처럼 그런 은혜에 진심으로 감사하고 구원을 즐거워할 수 있다.

고백의 책에는 우리가 은총과 확신에 대한 이런 소식을 심각하게 의심하고, 어리석게도 스스로 구원을 얻어낼 속셈으로 무익한 선행을 의지하던 순간을 진심으로 슬퍼하는 내용이 기록될 것이다.

기도의 책에 거론되는 내용은 지금부터 세상이 끝나는 날까지 그리스도 안에서 진실하고 순수한 믿음으로 보존될 수 있도록 하나님의 도움을 구하는 것이다.

성령님을 의지하는 삶

루터는 거룩하게 하시는 성령님의 사역에 관한 세 번째 주제를 묵상하면서 교회에 속한 하나님의 구속받은 사람들의 삶에 초점을 맞춘다. 그는 개인주의로 흐를 수 있는 신앙생활의 공동체적인 측면을 정확하게 부각시킨다. 구원은 개인적인 용어로 이해하는 게 당연하다. 루터보다 일관되게 주장한 사람은 아무도 없다. 갈라디아서 2장 20절 "나를 사랑하사 나를 위하여 자기 자신을 버리신"에 기록된 바울의 발언에 대한 루터의 주석이 대표적이다.

> "그러므로 아주 간절하게 '나'와 '나를 위하여'라는 단어를 읽고 난 뒤에는 확실한 믿음에 의지해서 마음속으로 이 '나'를 살펴보고 각인하되, 당신이 이 '나'라는 단어에 포함된 구성원이라는 것과 그리스도께서 베드로와 바울을 사랑해서 그들을 위해 자신을 주셨을 뿐 아니라 우리를 이 '나'에 역시 포함시키는 동일한 은총에 도달할 수 있고 우리에게 전해진다는 것을 의심하지 않으면서 내적으로 실천해야 한다."

하지만 루터는 개인 구원을 아주 분명하게 확신했지만 그것을 통해 개인의 구원이 가능하다고 주장하는 잘못을 범하지는 않았다. 그리스도에 속하는 것은 그의 지체, 즉 교회의 일부가 되는 것이다. 따라서 기도에 관한 루터의 안내서는 "거룩한 그리스도인의 교회가 존재하는 곳에서 매일 죄를 용서하심으로써 우리를 거룩하게 만드시는 창조자 하나님, 구속자 하나님, 성령 하나님을 만날 수 있다"라는 조언으로 끝을 맺는다.

루터는 당연히 교회를 "이런 신앙에 관한 하나님의 말씀이 바르게 전해지고 고백되는 곳"으로 정의하고 싶어 했다. 그는 이발사 친구에게 말한다. "게다가 여기에서 성령님이 매일 교회에서 행하시는 모든 것을 오랫동안 깊이 생각할 수 있는 기회를 갖게 된다네."

찬양의 책 서두에는 우리 역시 '교회로 부름을 받았고, 찾아오게 된 것'에 대한 찬송이 포함되어야 하겠지만, 고백의 책은 '모든 것을 외면하면서 믿음과 감사하는 마음을 갖지 못하던 때'를 뉘우친다.

루터는 점차 드세지는 반대와 박해에 직면한 자신의 독자들이 확고한 충성심과 강인함을 충분히 유지할 수 있게 간구해야 한다고 생각했다. 그의 마지막 발언이 기도의 책 앞부분이 될 수 있다. 그는 이렇게 자신의 독자들에게 부탁한다.

"죽음으로부터의 부활을 넘어서서 영원한 삶을 누리고 지속되는 곳에 다다를 때까지 진실하고 흔들림 없는 믿음을 유지하도록 기도해야 한다. 아멘."

페터 베스켄도르프가 루터로부터 이 작은 책을 처음 받았을 때는 생활하는 데 별다른 어려움이 없었다. 안락한 집, 평안한 가족, 어느 정도 성공적인 사업, 많은 친구들과 루터의 뛰어난 강해 사역 덕분에 정기적으로 신앙이 양육되고 도움을 받던 인근의 교회가 있었다. 그러나 이 모든 것이 순식간에 사라졌다. 삭막한 유배생활을 하는 그가 할 수 있는 것이라고는 자신을 하나님께 철저히 바치고 루터가 집필한 책이 일러주고, 자극하고, 격려했던 것처럼 신앙을 갖는 게 전부였다.

루터의 「단순한 기도의 방법」은 그에게 성경을 기계적으로, 혹은 서둘러서 읽는 게 아니라 조용하게 묵상하듯 그의 네 가지 책, 즉 배움의 책, 찬양의 책, 참회의 책, 기도의 책을 충족하는 기도를 할 수 있도록 성경에서 풍성한 자료를 발견하도록 소개했다. 다른 모든 그리스도인처럼 페터 베스켄도르프는 하나님의 교훈에 민감한 마음, 그분의 축복에 감사하는 마음, 잘못을 인정하는 회개하는 마음과 하루도 거르지 않고 성장하는 데 필요한 신선한 은총을 구하는 지혜가 필요했다. 가톨릭 역사학자인 요제프 로츠(Joseph Lortz)는 종교개혁자의 영성을 설명하면서 이렇게 말한다.

"루터는 강력한 기도의 능력을 지녔다. 그는 하나님께 뿌리를 박고 있었고, 하나님이 심오한 계시를 통해서 우리에게 접근하는 생각을 알고 있었다. 그는 생활에 필요한 소유에 관해서도 그런 생각을 유지해서 하나님과 더불어서, 혹은 하나님에 관해서 대화를 시작하기에 앞서 피신처를 찾을 필요가 전혀 없었다."

루터는 그리스도인이 되는 것은 기도하는 것이라고 믿었다. 그가 보기에 기도하지 않은 그리스도인은 논리적으로 모순이었다. "신발을 만드는 사람이 신발을 만들고, 재단사가 외투를 만드는 것처럼 그리스도인은 당연히 기도해야 한다. 기도는 그리스도인이 하루도 거르지 않고 해야 하는 업무이다."

루터는 비텐베르크에 거주하는 이발사에게 기도생활의 형식을 소개함으로써 신자들의 가장 큰 특권에 관한 탁월한 교훈을 수세기에 걸쳐서 그리스도인들에게 제공한 것이었다. 덕분에 우리를 늘 반갑게 맞아주시는 하나님의 임재에 거리낌 없이 다가서는 게 무엇인지 알게 되었다.

04

Charles G. Finny

※ 이 글은 영적 부흥의 대가 찰스 피니의 놀라운 기도서인 「죽을만큼 기도하라」 중에서 하나님이 응답
   하시는 기도의 조건을 발췌, 재편집한 것이다.

찰스 피니의
응답받는
기도의 조건

＊　＊　＊　＊　＊

　　사도 마태는 하나님이 모든 기도를 듣고 응답하신다고 단언하고 있다. "구하는 이마다 받을 것이요, 찾는 이는 찾아낼 것이요, 두드리는 이에게는 열릴 것이니라." 그러나 야고보는 어떤 사람들이 구하여도 받지 못한다고 말하면서 그 이유를 이렇게 제시하고 있다. "잘못 구하기 때문이라"(약 4:3). 그렇다. 이 두 성경 구절은 어떤 경우에도 서로 상충하지 않는다. "구하는 이마다 받을 것이요"라고 말할 때, 물론 우리는 올바른 간구와 그릇된 간구가 있다는 사실을 잘 알고 있다. 그러나 야고보가 말하는 것은 우리를 이와 같은 결론으로 이끌어간다. "구하여도 받지 못함은 정욕으로 쓰려고 잘못 구하기 때문이라." 이 말씀은 우리에게 올바른 간구에는 특정한 조건들이 있으며 잘못 구하는 것에도 그럴 만한 이유가 있다는 사실을 알려준다.

어쨌든 이 단락으로 당혹해하지 않을 사람은 거의 없을 것이다. 하나님의 응답하심에 관해서는 성경에서 너무나 많이 이야기하고 있지만, 너무나 많은 기도가 응답되지 않고 있어서 많은 사람들에게 쓰라린 시험거리가 되고 있다. 한동안 마태가 이야기한 것과 같은 그러한 단언이 응답받지 못하는 수많은 기도와 어쩌면 그렇게 일치하는지 도무지 이해할 수 없을 정도였다.

응답받지 못하는 기도에 대한 오해

내가 저지른 실수는 이중적이었다. 첫째, 나는 모든 기도가 문자 그대로 응답될 것이라고 기대했다. 하나님이 정확히 문자적인 기도 응답을 하시지 않을 때에는 종종 근본적인 동기에 따라서 내용적인 기도 응답을 하신다는 사실을 간과했던 것이다.

사도 바울이 육체의 가시로부터 벗어나게 해달라고 기도했을 때가 이에 관한 구체적인 예이다. 이것은 "여러 계시를 받은 것이 지극히 크므로 너무 자만하지 않게 하시려고 내 육체에 가시 곧 사탄의 사자를 주셨으니 이는 나를 쳐서 너무 자만하지 않게 하려 하심이라"(고후 12:7). 그것이 무엇이었든지 간에 하나님이 바울에게 육체의 가시를 주신 것에는 특별한 목적이 있었다. 바울에게는 이 가시가 굉장히 괴로웠던 것처럼 보이며, 그래서 하나님께 육체의 가시를 제거해달라고 간청했다.

바울의 목적은 이기적인 것이 아니었다. 바울이 생각하기에 육체의 가시는 자신의 유용성을 방해하고 있었다. 하나님은 이 간구를 문자 그대로 들어주시지는 않았지만 근본적인 동기에 대해서는 들어주셨다. 하나님은 "내 은혜가 네게 족하도다. 이는 내 능력이 약한 데서 온전하여짐이라"고 말씀하시면서 바울에게 선한 목적으로 이런 육체의 가시를 허락하셨다는 사실을 알려주셨다. 그러니까 이 육체의 가시는 어떤 상처로 가지고 있거나 바울의 영향력을 방해하는 게 아니라 하나님의 은혜가 바울에게 '충분하도록' 하기 위한 것이었다.

결국 육체의 가시를 제거해달라고 끈질기게 요구하는 대신, 바울은 오히려 이 가시로 말미암아 그리스도의 권능이 자신에게 임할 수 있다는 사실을 영광스럽게 생각했다. 그리고 자신이 두려워하는 결과가 자신에게 임하지 않을 것이라고 확신했다. 이것이 바로 바울이 원하는 전부였다. 만약 그것이 자신의 유용성에 아무런 영향을 미치지 않는다면 굳이 육체의 가시가 제거되지 않아도 좋다고 생각했다. 이것이 바로 내가 의미하는 바를 잘 설명해주고 있다.

우리가 자주 문자적인 기도 응답이 아니라 근본적인 동기에 따라 내용적인 기도 응답이 이루어진다는 사실을 제대로 이해하지 못했기 때문에 나 자신뿐만 아니라 많은 사람들이 걸려 넘어진다. 그러나 비록 우리가 기대했던 방식대로는 아닐지라도 알맹이와 본질은 그래도 허락된다.

내가 빠졌던 두 번째 실수이자, 내가 생각하기에 지적인 사람들 사이에서 흔히 벌어지는 실수는 기도가 응답될 수 있는 특정한 조건들에 관하여 성경에서 표현하고 있다는 사실, 그리고 흔히 우리가 기도라고 생각하는 것과 하나님이 기도라고 생각하는 것 사이에는 엄연한 차이가 있다는 사실을 간과했다는 것이다.

내 관심이 그런 의문으로 향하자마자 나는 이런 어려움이 성경에서 그렇지는 않다고 지적한다는 데 만족하게 되었다. 그 어려움은 단지 하나님이 기도 응답을 들어주시지 않는 분이라는 데 있는 것이 아니라, 오히려 하나님이 친히 기도에 응답하시는 여러 가지 조건을 몇몇 경우에만 굉장히 명확하게 말씀하셨다는 사실이다. 그것은 하나님이 거의 항상 암시적으로 지적하고 계셨다는 것이며, 우리가 그러한 조건들에 근거하지 않고서는 아무런 응답도 기대할 수 없다는 것이다.

틀림없이 하나님은 종종 간구하는 사람의 성품과 상관없이, 그러니까 그 사람이 어떤 성품을 가지고 있든지 상관없이 괴로움을 호소하는 울부짖음에 먼저 귀를 기울이셨다. 다시 말해 하나님은 종종 괴로움에 신음하는 동물의 소리를 듣고 찾아오셔서 도움의 손길을 베푸셨다. 하나님은 어린 까마귀가 울 때에도 귀를 기울이셨다. 그렇다면 당연히 사람들에게는 더욱 귀를 쫑긋 세우시지 않겠는가!

하나님이 온 우주와 관계를 맺고서 너무나 일관성 있게 그렇게 하신다면 당연히 인간에게도 그렇게 하실 것이다. 하나님은 당연히 그렇게 하실 마음과 생각을 품고 계신다. 그러나 이런 것들은 진정한 의미에서 기도가 아니다. 단순히 고통스러운 울부짖음에 지나지 않는다. 하나님은 거기에 적절히 대처하실 필요가 있을 때마다 그런 구원의 손길을 펼치기 위하여 찾아오신다.

나는 마음속에 이런 생각을 품고 있는 사람들로 하여금 걸려 넘어지게 하는 돌을 던져놓으려는 게 아니다. 분명히 고통으로 울부짖는 소리도 있기는 하지만, 하나님이 귀를 기울여 듣고 응답하시는 기도와는 다르다. 하나님이 간구하는 자의 성품, 동기나 계획과는 아무 상관없이 고통스러운 울부짖음에 귀를 기울이신다는 것은 그냥 그분의 선하심을 따라 베푸시는 자비에 지나지 않는다. 그러므로 우리는 응답받지 못하는 기도에 대한 오해를 갖지 말아야 한다.

그렇기 위해서는 하나님이 응답하시는 기도의 조건을 알아야 한다. 하나님이 응답하시겠다고 보장하신 그런 종류의 기도가 있다. 특히 여기에서는 하나님이 성경을 통하여 말씀하신 응답받는 기도의 몇 가지 조건에 관하여 깊이 생각해보고자 한다.

먼저, 양심을 거룩하게 지키라

내 말이 의미하는 바를 구체적으로 설명하기 위하여 성경 말씀을 인용해보자. "사랑하는 자들아 만일 우리 마음이 우리를 책망할 것이 없으면 하나님 앞에서 담대함을 얻고 무엇이든지 구하는 바를 그에게서 받나니 이는 우리가 그의 계명을 지키고 그 앞에서 기뻐하시는 것을 행함이라"(요일 3:21-22). 여기서 '마음' 이라는 용어가 사용된 것은 '양심' 을 뜻하는 것으로 이해할 수 있다. 왜냐하면 우리를 책망하거나 인정하는 것은 바로 우리의 양심이기 때문이다.

만약 우리의 양심이 우리를 책망할 것이 없다면 우리는 기도에 대해 응답을 기대할 수 있다. 만약 우리가 태만 죄(해야 할 일을 하지 않아서 생기는 죄, 곧 하나님이 하라고 하신 많은 계명을 행하지 않은 죄-역주)와 범법 죄(기회가 있음에도 선을 행하지 않는 죄, 하지 말아야 할 일을 해서 생기는 죄, 하나님이 하지 말라고 하신 것을 행하는 죄-역주)로 우리의 양심을 범했다면 하나님은 우리와 더불어 기뻐하실 수 없다. 그러므로 우리의 탄원에 대한 응답을 기대할 수 없다. 이것은 요한일서 3장 21~22절 말씀에 명확히 내포되어 있다. "만약 우리 마음이 우리를 책망한다면 하나님은 훨씬 더 많이 우리를 책망하실 것이다." 만약 우리의 마음이 우리를 책망할 것이 없으면 기도 응답을 기대할 수 있다. 그러나 만약 우리의 마음이 우리를 책망할 것이 있다면 우리는 자신의 간구에 대해 응답을 기대할 수도, 기대해서도 안 된다.

분명히 깨끗한 양심, 곧 아무런 거리낌도 없는 양심은 하나님이 설복하시는 기도에 대해 계시된 조건이다. 사람들이 자기의 양심에 내키지 않는 어떤 일을 하도록 가만히 내버려두는 곳, 또는 자기의 양심이 자신을 책망할뿐더러 하나님은 훨씬 더 많이 책망하는 마음 상태에서 태만 죄나 범법 죄 가운데 살아가는 곳에서 도대체 어떻게 하나님을 설복시킬 수 있다고 기대할 수 있겠는가? 이 사람들은 단지 자신의 양심이 하나님께 헌신되어 있지 못하다고 단언하면서 살아갈 뿐이다!

　시편 기자는 말한다. "내가 나의 마음에 죄악을 품었더라면 주께서 듣지 아니하시리라"(시 66:18). 여기에는 다음과 같은 사실이 명확하게 진술되어 있다. 곧 겉으로 드러나는 삶에서 죄를 거부할 뿐만 아니라 마음속에서도 죄를 거부하는 것은 하나님이 설복하시는 기도의 필수불가결한 조건이라고. 내가 인용한 첫 번째 성경 구절에서 비록 우리가 아무런 거리낌이 없는 상태로 우리 양심을 지킨다고 할지라도, 만약 우리가 생활 속에서 죄를 단호히 거부하지 않는다면 하나님은 우리의 기도에 귀를 기울이시지 않을 것이다. 두 번째 성경 말씀에서는 분명히 이렇게 단언하고 있다. "만약 우리가 마음속으로 죄를 짓는다면 주님은 우리의 기도에 귀를 기울이시지 않을 것이다." 하나님은 여러 경우를 통하여 분명히 이럴 때 우리의 기도를 들으시지 않는다고 말씀하신다. 이것은 많은 사람들이 하나님을 설복시키지 못한 채 단지 스스로 '기도'라고 부르는 행위를 하고 있을 뿐이다.

보편적인 순종의 영을 가지라

그러니까 다시 말하지만 보편적인 순종의 영은 하나님이 설복하시는 기도의 또 다른 조건이다. 이에 대해 잠언 기자는 "사람이 귀를 돌려 율법을 듣지 아니하면 그의 기도도 가증하니라"(잠 28:9)고 말하고 있다. 여기서 사용된 '율법'이라는 용어는 하나님이 사람들에게 그분의 뜻이라고 계시하신 모든 것을 포함한다. 또한 여기서 "귀를 돌린다"는 뜻은 기꺼이 순종하지 않는 마음, 불순종의 영을 함축하는 말이다. 그러므로 우리는 잠언 말씀을 통해 하나님께 기꺼이 순종하지 않는 그런 마음 상태에 있는 사람이라면 그 사람이 누구든지 간에 하나님은 그 사람의 기도마저 역겨워하신다는 사실을 알 수 있다.

덧붙여서 우리는 여기서 사용된 "귀를 돌린다"는 말의 뜻을 여러 경우를 통해서 알아보는 것도 중요하다. 이는 즉, 하나님이 말씀하신 바에 제대로 주의를 기울이지 않는 모든 행위는 귀를 돌리는 것이다. 하나님이 요구하시는 바에 순종하기를 거절하거나 게을리하는 모든 행위도 귀를 돌리는 것이다. 사람들이 어떤 것에서는 하나님께 순종하는 척하지만 다른 것에서는 불순종한다면 이것 역시 귀를 돌리는 행위이다. 그러므로 하나님의 알려진 법에서 요구하는 것이라면 무엇이든지 행하고 싶어하는 마음 상태, 이런 보편적인 순종이야말로 하나님이 설복하시는 기도의 필수조건이다.

그리스도 안에 머물라

....

예수 그리스도 안에 머물러 있는 것은 설복하는 기도의 또 다른 계시된 조건이다. "너희가 내 안에 거하고 내 말이 너희 안에 거하면 무엇이든지 원하는 대로 구하라. 그리하면 이루리라"(요 15:7). 또한 "사람이 내 안에 거하지 아니하면 가지처럼 밖에 버려져 마르나니 사람들이 그것을 모아다가 불에 던져 사르느니라"(요 15:6)고 말씀하신다. 그러니까 그리스도 안에 거하지 않으면 그렇게 된다는 뜻이다. 분명히 그리스도 안에 머물러 있지 않은 사람은 하나님이 설복하실 만한 그런 기도를 드릴 수 없다. 그러므로 예수 그리스도 안에 머물러 있지 않다면 그런 사람의 기도는 하나님의 마음을 움직일 수 없다.

그런데 그리스도 안에 머물러 있다는 것이 도대체 무슨 말인가? 그것은 성령 안에서 살아가며 동행한다는 뜻이다. 그리스도께서 우리 안에 내주하시도록 한다는 뜻이다. 그러니까 우리도 그리스도 안에 거하여 그분의 성령이 우리에게 영향을 미치도록 한다는 뜻이다. 다시 말해 그것은 확신 가운데 그리스도께 우리 자신을 완전히 순복시키는 일이며, 믿음 가운데 기꺼이 그리스도를 받아들이는 것이며, 그리스도의 영향력 아래 자신을 내드리는 헌신을 뜻한다.

그러나 만약 이처럼 믿음으로 그리스도와 연합되어 있지 않다면, 그리하여 하나님이 우리를 그리스도 안에 있는 것으로 여기시지 않는다면, 그리스도를 위하여, 그리고 그리스도를 통하여 모든 것을 받아들이지 않는다고 생각하신다면 우리는 하나님을 설복시킬 수 없다. 이것은 성경에서 풍성하게 가르치고 있다.

우리는 믿음으로 그리스도와 아주 친밀하게 연합하여 실제로 그리스도의 성령 안에서 동행해야 한다. 그리스도께서 말씀하시기를 만약 이와 같은 상태에 있다면 우리가 구하는 것은 무엇이든지 허락해주신다고 하셨다. 그렇다면 어떻게 이것이 가능할까? 우리가 그분 안에 있고 그분의 말씀이 우리 안에 거하고 있을 때 무엇이든지 구하는 대로 얻게 되리라는 사실은, 상당 부분 그분 안에 머물러 있음으로써 가능하다는 의미여야 한다. 왜냐하면 이것은 분명히 매우 광범위한 약속이기 때문이다. "너희가 내 안에 거하고 내 말이 너희 안에 거하면 무엇이든지 원하는 대로 구하라. 그리하면 이루리라."

자, 다시 한번 "무엇이든지 원하는 대로 구하라"는 말씀에 내포된 의미를 생각해보자. 먼저 이 말씀 안에는 그리스도 안에 있는 사람들은 그리스도께서 들어주시기에 적절하지 않은 것을 절대 구하지 않는 영적 상태에 있다는 의미를 내포한다. 그리고 그리스도 안에 머물러 있는 사람은 하나님이 응답하시지 않는 간구를 절대 하지 않을 것이라는 주님의 확신이 숨겨져 있다. 우리의 주님은 그런 확신이 없었다면 그렇게 쉽게 이런 약속을 하시지 않았을 것이다. 그러므로 우리가 이 말씀 안에 숨겨진 의미를 제대로 이해하는 것은 꿩장히 중요하다. 그리스도 안에 머물러 있는 사람은 하나님의 계시된 뜻과 상반되는 것을 구하려는 뜻을 품지 않는다. 그리고 하나님의 성령으로 말미암아 일반적으로 사람들이 생각하는 것보다 훨씬 더 고차원적인 의미에서 기도하는 법을 배우게 된다.

또한 로마서 8장 26~27절의 "이와 같이 성령도 우리의 연약함을 도우시나니 우리는 마땅히 기도할 바를 알지 못하나 오직 성령이 말할 수 없는 탄식으로 우리를 위하여 친히 간구하시느니라. 마음을 살피시는 이가 성령의 생각을 아시나니, 이는 성령이 하나님의 뜻대로 성도를 위하여 간구하심이니라"는 말씀처럼 그리스도 안에 머물러 있는 사람들은 성령과 동행하면서 기도하도록 인도함을 받는다. 그래서 무엇이 하나님의 뜻에 합당하게 기도하는지를 알게 된다. 다시 말해 그리스도 안에 머물러 있는 사람은 하나님이 들어주시는 것을 위하여 기도하도록 인도함을 받게 된다는 것이다.

만약 우리가 정말로 그리스도 안에 머물러 있고, 그리스도의 말씀이 그분께서 말씀하신 의미대로 우리 안에 머물러 있다면 우리가 기도하는 근본적인 동기는 항상 하나님의 뜻에 맞게 될 것이다. 그러므로 그리스도는 그런 사람들이 구하는 모든 것을 들어주시겠다고 확실하게 약속하실 수 있는 것이다.

열렬한 소망을 품으라

열렬한 소망은 하나님이 설복하시는 기도의 조건이다. 그냥 말로 기도를 표현하는 것과 강력한 소망을 표출하는 것은 전혀 별개의 문제이다. 설복하는 능력이 있을 때 기도는 어떤 특정한 축복을 받겠다는 강력한 소망을 갖는다. 하나님께 어떤 일을 허락해달라고 탄원한 사람이 곧바로 자신이 구했던 것을 까맣게 잊어버린다면, 하나님은 과연 그 사람을 어떻게 생각하실까? 그런데 이것은 기도하는 많은 사람이 저지르는 실수이다. 참된 기도의 영 안에서 기도하는 사람은 강렬한 소망을 품고 끈질기게 기도해야 한다. 그럴 때 성령도 말할 수 없는 탄식으로 그 사람을 위해서 친히 중보하신다.

우리의 기도가 응답받아야 한다는 절실한 마음은 설복하는 기도에서 없어서는 안 될 조건이다. 사람들은 자기의 기도가 응답받는 것을 그다지 달가워하지 않을 때조차도 종종 기도한다. 사람들은 단지 자기 자신이 만든 조건에 합당한 것만을 하나님께 구한다. 사람들은 자기 방식대로 자기에게 응답받기를 원하면서 하나님이 그분 방식대로 응답하시기를 달가워하지 않는다. 그렇다면 당연히 이 사람들의 기도는 하나님을 설복시키지 못할 것이다.

만약 우리가 하나님의 일을 먼저 구한다면 하나님이 응답하시는 방식에 무조건 순복해야 할 것이다. 만약 우리가 더 많은 믿음을 달라고 간구하거나 사랑 안에서 온전해지도록 간구한다면 당연히 하나님이 그분의 방법대로 일하시도록, 하나님이 그것을 방해하는 것이라면 무엇이든지 제거하시도록, 우리에게 있는 어떤 우상이든지 없애주시도록, 하나님이 우리의 기도 제목에 응답하기 위하여 반드시 해야 하는 것들을 하실 수 있도록 기꺼이 우리 자신을 내드려야 할 것이다.

사람들은 때때로 기도할 때 자기 마음속에서 온갖 조건을 끼워 넣는다. 만약 하나님이 망신을 주지 않고서도 그렇게 하실 수 있다면, 자기 재산을 가져가지 않고서도 그렇게 하실 수 있다면 사람들은 얼마든지 하나님이 자신을 겸허하게 만들어도 좋다고 생각한다. 자신의 방종을 깨뜨리지 않고서도 그런 일이 이루어질 수 있다면 사람들은 하나님이 자신을 성화시켜도 좋다고 생각한다. 그러나 각종 장애물을 제거하지 않고서는 그런 것들이 허락될 수 없다. 만약 이러한 것들이 하나님이 우리의 기도를 들어주시는 것을 방해한다면 우리는 기꺼이 오른손을 잘라내거나 왼쪽 눈을 빼버려야 한다.

어떤 사람이 거룩하게 해달라고 기도한다고 하자. 그렇다면 이 사람은 기꺼이 거룩해지고 싶어해야 한다. 그런데 만약 그 와중에 어떤 걸림돌, 어떤 상습적인 죄, 어떤 억제되지 못한 욕망, 어떤 열정, 어떤 성적 충동 등이 있다면 기꺼이 그것들을 포기해야 한다. 만약 그렇게 하기를 달가워하지 않으면서 그런 축복이 자기 방식대로 허락되어야 한다고 주장한다면 그 사람은 받을 만한 기도를 한다고 할 수 없다. 다시 말해 스스로 거룩해지도록 하나님께 기도하면서도 어떤 형태의 죄를 계속 저지르고 있는 사람은 하나님을 시험하는 것이다. 이 사람은 먼저 세상을 십자가에 못 박기 위하여 자기 우상을 기꺼이 포기해야 한다.

이기적인 마음을 버리라

다시 말하지만 이해관계가 없는 공평한 마음은 설복하는 기도의 조건이다. 사도 야고보는 "너희가 얻지 못함은 구하지 아니하기 때문이요, 구하여도 받지 못함은 정욕으로 쓰려고 잘못 구하기 때문이라"고 말했다. 나는 이해관계를 뛰어넘는 공평한 마음이 '무관심'이나 '관심 부족'이라는 뜻으로 말하는 게 아니다. 그냥 아무것도 추구하지 말라는 뜻이 아니라 그와는 정반대이다. 우리는 마땅히 무엇이든 바랄 수 있지만 거기에는 정당한 이유가 있어야 한다.

어떤 사람이 자기 자신의 성화를 위하여 기도한다고 가정해보라. 왜 그 사람이 성화를 원하는가? 성화된다는 것이 단지 자기 자신의 쾌락을 위해서인가, 아니면 성화되는 것을 통해 얻는 영예 때문인가? 왜 그 사람은 성화되기를 원하는가? 그것이 죄를 제거하기 위한 것인가? 그것이 영원한 햇빛, 행복, 그리고 하나님의 평안으로 말미암은 기쁨으로 들어갈 수 있도록 하기 위한 것인가? 이것이 바로 그 이유라면 분명히 응답받을 것이다. 하지만 어떤 이기적인 다른 이유로 자기 자신의 특별한 유익을 위하여 그것을 추구한다면 그 사람은 응답받지 못할 것이다. 자신의 유익을 위해 이기적으로 구하고 있기 때문이다.

당신이 죄악 가운데 살아가는 사람들 때문에 마음에 상처를 받았다고 가정해보자. 만약 당신의 목적이 하나님을 영화롭게 하는 것이라면 당신의 눈은 오직 여기에 고정되어 있을 것이다. 만약 당신이 사람들로 하여금 복음의 진정한 빛이 무엇인지를 이해하고 영혼이 밝아져서 구원받을 수 있게 해달라고 복음을 꽉 붙잡고 있다면 당신은 하나님과 공감하고 있는 것이다. 하나님이 당신에게 복을 베푸시는 것과 같은 이유로 그 복을 구하고 있는 것이다.

각종 간구는 이기심에서 완전히 벗어나야 한다. 우리는 단순히 이기적인 생각을 떨쳐버리고 하나님이 기도에 응답하시는 위대한 이유를 주목해야 한다. 만약 우리가 자기 자신의 거룩함과 성화를 위하여 기도한다면 그것은 죄에 대한 하나님의 관점에 동의하는 것이어야 한다. 우리는 거룩함에 도달하고 이를 유지하기 위하여 어떤 불같은 시험을 통과하든지 간에 기꺼이 거룩해지려고 애써야 한다. 우리는 흔히 성화에는 아무런 시험도 없다고 오해한다. 하지만 하나님은 우리를 위해, 우리에게 행하신 모든 일을 우리가 올바로 볼 수 있게 하시려고 우리에게 시험과 시련을 허락하신다.

하나님은 커다란 축복을 주실 때 이런 축복을 등경 아래 감추시지 않는다. 하나님이 우리에게 커다란 은혜를 허락하실 때 그분은 항상 우리를 시험하는 자리로 내모신다. 만약 우리가 시험을 제대로 통과하지 못한다면 우리는 하나님이 자신에게 커다란 은혜를 주셨다는 사실을 알 수 없을 것이다. 자, 이제 어떤 대가를 치르든지 간에 당신은 기꺼이 성화되고 싶은가? 어떤 결과가 나오든지 간에 하나님께 영광을 돌릴 수 있도록 모든 형태의 부정행위를 기꺼이 포기하겠는가?

신앙의 부흥이 열렬히 일어나고 있는 곳에서 목회를 하는 친구 목사가 하루는 몇몇 구도자를 심방하기 위하여 아침 일찍부터 집을 나섰다. 길을 가든 중 같이 사역하는 핵심 리더 가운데 한 사람이 이렇게 물었다.

"목사님은 성령님께 날마다 기도하면서도 기도 응답을 받지 못하고 있는 사람에 대해서 어떻게 생각하십니까?"

친구 목사가 대답했다.

"글쎄요, 그 사람이 그릇된 동기로 기도하지는 않았는지 걱정이 되는군요."

"그 사람이 어떤 동기를 가져야 하는데요?"

"당신은 어떤 동기로 기도하시나요? 혹시 더 많은 돈을 벌어서 더 행복해지기를 바라나요? 그렇다면 사탄들도 이와 같은 이유로 기도할 수 있다는 사실을 아셔야 합니다."

그런 다음에 친구 목사는 시편의 말씀을 인용했다.

"주의 구원의 즐거움을 내게 회복시켜주시고 자원하는 심령을 주사 나를 붙드소서. 그리하면 내가 범죄자에게 주의 도를 가르치리니 죄인들이 주께 돌아오리이다"(시 51:12-13).

이 말씀을 들은 리더는 그 즉시 친구 목사를 떠나버렸다. 나중에 그 사람은 자기 마음속에 떠오른 첫 번째 생각이 이제 다시는 친구 목사를 보지 않겠다는 바람이었다고 한다. 그 사람은 너무나 화가 났다. 그러나 이와 동시에 자신의 기도가 항상 이기적이었다는 사실도 깨달았다. 그 사람은 이런 깨달음에 커다란 충격을 받았던 것이다.

그러나 이 리더는 자존심이 너무나 강했던 나머지 자기 자신이 언제나 이기적이었다는 사실을 발견했을 때, 자기 마음속에서 한 번도 신앙이나 기도에 대해 진실한 개념을 가져본 적이 없다는 사실을 발견했을 때 괴로웠다. 그리고 자신은 완벽히 이기적이었으며, 그동안 드린 기도가 모두 텅 빈 마음의 이기적인 기도에 지나지 않는다는 사실을 발견했을 때 하나님께 자신의 목숨을 가져가달라고까지 기도했다.

그 리더는 교회에서 지금과 같은 위치를 차지한 이후에 계속해서 속여왔거나 속았다는 사실을 교인들이 아는 것보다 오히려 죽거나, 심지어 지옥으로 떨어지는 편이 훨씬 더 낫다고 생각했다. 그로부터 머지않아 이 사람은 진심으로 회심하였으며, 그 이후로 원래 자신이 처해 있는 자리를 분명히 바라보게 되었다.

우리가 구하여도 받지 못하는 것은 정욕에 쓰려고 이기적인 마음으로 잘못 구하기 때문이다. 이것은 많은 사람들이 구하는 것을 허락해주시지 않는다고 하나님을 비난하는 대신에 스스로 곰곰이 생각해봐야 할 커다란 진리이다.

그리스도의 이름으로 나아가라

우리는 반드시 그리스도의 이름으로 기도해야 한다. 이것은 너무나 자주 성경에 함축되어 있기 때문에 어떤 말씀을 굳이 따로 인용할 필요조차 없다. 그러나 이처럼 그리스도의 이름으로 기도한다는 말이 무슨 의미인지 다시 한번 되새겨보자. 도대체 어떻게 그리스도의 이름을 사용해야 한단 말인가?

죄인들은 자기의 이름으로는 절대 하나님 앞으로 나아오지 못한다. 그러나 죄인들이 그리스도와 아주 강하게 연합한다면, 죄인들이 그리스도를 자신의 구원자로 영접한다면 사실상 그리스도는 죄인들을 위한 간구자가 된다. 이것을 통치적 관점에서 볼 때 하나님께로 가까이 나아오는 것은 죄인이 아니라 바로 그리스도이시기 때문이다. 만약 당신이 그리스도를 통하여 하나님께로 나아오지 않는다면, 사실상 그리스도로서 성령 안에서 하나님께로 나아오지 않는다면 하나님은 당신을 자신의 임재 안으로 가까이 다가오도록 내버려두시지 않을 것이다.

그렇기에 하나님께로 나아오는 죄인은 반드시 이런 식으로 하나님께 나아와야 한다. 그 죄인은 그리스도로 옷 입어야 한다. 그리스도께서 이루신 모든 것, 죄인들이 하나님께 나아올 수 있도록 십자가의 죽음으로 다리를 놓으신 것을 자신에게로 전유해야 한다. 그리고 그리스도의 성령과 더불어 그리스도의 인격과 이름 안으로 들어와야 한다. 그런 다음에라야 죄인들은 하나님 앞으로 나아올 수 있으며 그 죄인이 간구하는 기도도 그리스도의 성령을 통해 하나님의 보좌 앞으로 올라가게 될 것이다.

이 세상에서 아무리 흉악한 죄인뿐만 아니라 아무리 사소한 죄인이라도 이런 식으로 하나님 앞으로 나아올 수 있다. 그러면 죄인들도 역시 그리스도께서 받아들여진 것만큼 실제로 받아들여지게 될 것이다. 만약 그 죄인이 회개하여 믿고 우리 주 예수 그리스도를 옷 입게 된다면 예수 그리스도 자신만큼이나 실제로 충분히 받아들여지게 될 것이다. 그리하여 지금 당장 그리스도의 이름으로 하나님께 나아오게 되는 것이다. 이제 그 죄인은 그리스도께 붙어 있는 지체로, 하나님의 천국 백성으로 인정받게 되는 것이다.

이런 상태에서만 우리는 가장 깊숙한 내면으로부터 하나님의 진리를 받아들일 수 있게 된다. 왜냐하면 이런 상태에 이르러서야 비로소 우리는 우리 자신의 의를 포기하고, 우리 자신의 이름으로 하나님을 설복시킬 수 있다는 모든 기대를 완전히 내려놓을 수 있기 때문이다. 그리고 그때야 비로소 오직 그리스도의 이름만이 하나님을 설복시킬 수 있다는 진리를 확신할 수 있기 때문이다.

포기하지 말고 끈질기게 구하라

끈기는 하나님의 설복하시는 기도의 또 다른 조건이다. 하나님이 설복하시는 기도의 영을 간직하기 위해서는 끈기를 가져야 한다. 성경에는 이에 관한 수없이 많은 사례가 나오지만, 여기에서는 야곱과 모세의 경우만을 다루기로 하겠다.

먼저 야곱의 경우를 한 번 생각해보자. 하나님을 설복시킨 것으로 드러났던 여러 환경이 얼마나 감동적이었던가! 야곱은 하나님과 밤새도록 씨름했다. 하나님이 야곱에게 응답하시지 않기로 작정하셨던 것처럼 보였음이 틀림없었을 것이다. 오히려 야곱에게 맞서고 계시는 것처럼 보였을 것이다. 여러 가지 주변 환경은 이런 식으로 펼쳐지고 있었다.

야곱은 자기 형에 대한 자신의 행위 때문에 자기 나라에서 멀리 도망하여 오랫동안 자리를 비우고 있었다. 하나님이 야곱과 함께 있을 것이며 야곱에게 축복하실 것이라고 약속하실 때까지 거기에서 돌아오지 못했다. 드디어 고국으로 돌아오는 길에 야곱은 자기 형에서가 큰 무리와 함께 오고 있다는 소식을 들었다. 이것은 야곱으로 하여금 형 에서가 과거에 저지른 자신의 잘못에 대하여 원수를 갚으려고 한다고 믿을 만한 충분한 이유가 되었다. 물론 이로 말미암아 야곱은 크게 근심하였다.

그래서 가능한 한 에서의 노여움을 달래기 위하여 취할 수 있는 모든 조치를 취했다. 자기보다 앞서 사람들을 보내고는 혼자 한적한 곳으로 물러나 기도했다. 분명히 자기 마음에 커다란 부담을 안고 있었을 것이다. 어떻게 자신이 과거에 에서에게 상처를 주었는지, 어떻게 자신이 에서의 장자권을 빼앗는지 또렷이 기억해내고 에서가 몹시 두려웠을 것이다. 그리하여 하나님의 약속을 붙잡고서 하나님께 탄원하기 위하여 한적한 곳으로 물러나 있었던 것이다.

그러나 한동안 전능자께서 자신에게 맞서는 것처럼 보였다. 그분과 다투었지만 도저히 이길 수 없었다. 밤새도록 계속해서 다투면서 기도했다. 하나님이 야곱을 시험하기 위하여 온갖 방도를 다 취하시는 것처럼 보였다. 야곱에게는 고백해야 할 잘못이 너무나 많았으며 견뎌내야 할 시련이 엄청나게 많았다.

여러분 가운데 어떤 사람은 자기 자신의 경험을 환기시킬 수 있을 것이다. 당신은 어떤 축복을 받아내고야 말겠다고 마음먹었는데, 당신과 하나님 사이에서 어떤 점이 아직 명확하지 않았다면 그런 시간을 보내면서 당신은 진땀을 쏟아낼 만큼 격심한 고통을 느꼈을 것이다. 그리고 비록 아무런 축복을 받지 못했을지라도 마침내 당신

스스로 겸손해질 때까지 싸움을 포기하지 않았을 것이다. 급기야 당신은 하나님을 설복시켰을 것이다. 이것이 바로 야곱의 경우와 마찬가지다.

야곱은 스스로 겸손해져서 거꾸러질 필요가 있었다. 아마도 그때까지 야곱은 한번도 에서에 대한 자신의 행위를 조망하지 못했을 것이다. 그래서 하나님과 다투었다. 하나님도 야곱에게 맞서셨다. 그러니까 야곱은 계속해서 하나님과 다투었다. 급기야 하나님은 야곱의 넓적다리를 치셨으며 생애 마지막 순간까지 절름발이가 되게 하셨다. 이제 더는 하나님과 씨름할 기력이 없었음에도 여전히 하나님의 바지 가락을 붙잡고서 이렇게 외쳤다.

"저는 당신을 그냥 보내드리지 않겠습니다."

비록 하나님이 그렇게 하도록 내버려두셨지만 말이다.

야곱은 계속해서 "당신께서 저를 축복하시지 않는다면 저는 당신을 그냥 보내드리지 않겠습니다"라고 말했다.

야곱에게 이렇게 말할 권리가 있었는가? 물론 그렇다. 야곱에게는 하나님이 말씀하신 약속이 있었다. 그래서 그렇게 했던 것이다. 그런데 마치 하나님이 그분의 약속을 지키시지 않을 것처럼 보였다. 그러나 분명히 이렇게 지체하시는 데는 그만한 중요한 의미가 숨겨져 있었다.

드디어 야곱의 마음은 그럴듯한 방식으로 축복받을 채비를 끝내고 있었다. 마치 "당신께서 약속하셨으니 이제는 저를 거부하시지 못할 거예요"라고 고백했던 것처럼 이제는 거부당하지 않겠다고 마음먹고 있었다. 이것은 건방진 언동이 아니었다. 비록 아무리 심각한 시험을 당하더라도 꼭 필요하다면 야곱은 낙담하지 않겠다는 의미로 이렇게 말한 것이었다.

야곱에게는 고백해야 할 것이 많았을 뿐만 아니라 약속받은 것도 많았다. 야곱의 내면에서는 엄청난 놀라운 싸움이 진행되고 있었다. 이제 한 번 이렇게 생각해보자. 야곱이 하나님을 붙잡지 않았다면 어떻게 되었을까? 상상에 맡기겠다. 하지만 야곱은 끝까지 하나님을 붙잡고 있었다. 야곱이 "당신께서 저를 축복해주시지 않는다면 저는 당신을 그냥 보내드리지 않겠습니다"라고 말했을 때 얼마나 놀라운 응답을 받았는가!

하나님이 말씀하셨다. "네 이름이 무엇이냐?"

자기 이름이 야곱이라고 대답했을 때 야곱의 얼굴은 빨개졌을 것이다. 그 이름에는 빼앗는 자, 다른 사람의 자리를 억지로 속여서라도 대신 차지하는 사람이라는 뜻이 담겨 있었기 때문이다. 자기 이름이 '빼앗는 자'였다고 고백했으며, 자기 형 에서로부터 장자권을 빼앗았기 때문에 정말로 빼앗는 자였다고 고백했다. "저는 빼앗는 자입니다! 그것이 제 이름입니다." 이 얼마나 의미심장한 장면인가!

그럼에도 야곱은 너무나 담대하고 열정적인 나머지 "당신께서 저를 축복해주시지 않는다면 저는 당신을 그냥 보내드리지 않겠습니다"라고 말했다.

전능자는 "네 이름이 무엇이냐? 네가 그로 말미암아 우쭐대지 않았느냐?"고 말씀하셨다.

야곱이 대답했다. "맞습니다. 제 이름은 야곱입니다."

하나님이 말씀하셨다. "네 이름을 다시는 야곱이라 부를 것이 아니요 이스라엘이라 부를 것이니 이는 네가 하나님과 및 사람들과 겨루어 이겼음이니라"(창 32:28).

"네 이름을 다시는 야곱이라 부를 것이 아니요." 드디어 문제가 해결되었다. 야곱은 지금까지 줄곧 빼앗는 자로 살아왔다. 당신은 야곱이 태어나던 시절부터 전개된 상황을 똑똑히 기억할 것이다. 도대체 어떻게 야곱이라는 이름으로 불리게 되었는지, 형 에서의 장자권을 빼앗음으로써 얼마나 많은 눈물과 자기 이름을 증명했는지. 야곱은 지금까지 줄곧 자기 이름에 걸맞은 삶을 살아왔다. 그러나 바로 이처럼 강력한 믿음을 발휘한 이후로 이제 더는 지금까지 빼앗는 자로 살았던 시절을 기억하지 않고 하나님과 겨루어 이겼던 기억을 떠올리며 살아갈 수 있게 되었다.

이제 모세의 경우를 살펴보자. 모세는 현재 있는 모습 그대로 하나님 앞으로 걸어나가 전능자의 자랑스러운 손을 단단히 붙잡았다. 하나님은 이스라엘 백성에게 어떤 일이 이루어질 것이라고 모세에게 약속했지만, 이스라엘 백성은 계속해서 죄를 지으면서 우상을 숭배했다. 그러자 하나님은 이렇게 말씀하셨다. "그런즉 내가 하는 대로 두라. 내가 그들에게 진노하여 그들을 진멸하고 너를 큰 나라가 되게 하리라"(출 32:10). 그다지 은혜가 없는 사람이라면 쉽사리 포기할 수 없는 커다란 유혹이었다.

그러나 오히려 모세는 이렇게 대꾸했다. "그러면 이집트 사람들이 뭐라고 말하겠습니까?" 하나님의 명예를 모세가 얼마나 존중하는지, 얼마나 끈질기게 하나님께 간구하는 영을 지녔는지 주목해보라. 하나님은 모세의 기도를 충분히 예상하시고 그렇게 기도하지 못하게 금하셨다. 그러나 진심으로 그렇게 말씀하시지는 않았다. 하나님이 대답하셨다. "그런즉 내가 하는 대로 두라. 내가 그들에게 진노하여 그들을 진멸하리라." 왜냐하면 이스라엘은 반역하는 백성이었기 때문이다.

그러나 하나님의 진노하심에도 모세는 하나님께 호소하기 위하여 한 걸음 더 앞으로 나아가야만 했다. "어찌하여 애굽 사람들이 이르기를 여호와가 자기의 백성을 산에서 죽이고 지면에서 진멸하려는 악한 의도로 인도해 내었다고 말하게 하시려 하나이까. 주의 맹렬한 노를 그치시고 뜻을 돌이키사 주의 백성에게 이 화를 내리지 마옵소서"(출 32:12).

"애굽 사람들이 뭐라고 말하겠습니까? 당신의 위대하신 이름으로 그렇게 하시겠습니까?"라고 물으면서, 모세는 "그러나 이제 그들의 죄를 사하시옵소서. 그렇지 아니하시오면 원하건대 주께서 기록하신 책에서 내 이름을 지워버려 주옵소서"(출 32:32)라고 간구했다. 이처럼 모세의 단순한 냉철함과 확신이 얼마나 아름다운가! 하나님과 이스라엘 백성 사이의 틈을 막아서는 모세의 결단력이 얼마나 놀라운가!

이처럼 야곱과 모세의 끈질긴 기도는 형으로부터 죽임을 당할 수밖에 없는 야곱의 생명을 살렸고, 하나님으로부터 진노를 사 죽을 수밖에 없는 이스라엘 백성을 구했다. 그러므로 우리는 포기하지 않는 끈질긴 기도는 하나님을 설복하게 한다는 사실을 기억해야 한다. 아무리 스트레스를 받더라도 당신의 영이 절대 낙심해서는 안 된다. 당신이 하나님을 설복시키려고 작정하고 기도할 때 곧장 응답이 없더라도 결코 포기해서는 안 된다. 이럴 때일수록 야곱과 모세처럼 더욱더 하나님께 매달리는, 생명을 담보로 끈질기게 기도하는 열정이 필요하다.

하나님께 어떤 일을 허락해달라고 탄원한 사람이

곧바로 자신이 구했던 것을 까맣게 잊어버린다면,

하나님은 과연 그 사람을 어떻게 생각하실까?

그런데 이것은 기도하는 많은 사람이 저지르는 실수이다.

참된 기도의 영 안에서 기도하는 사람은

강렬한 소망을 품고 끈질기게 기도해야 한다.

그럴 때 성령도 말할 수 없는 탄식으로

그 사람을 위해서 친히 중보하신다.

Section

05

John Bunyan

※ 이 글은 천로역정의 작가 존 번연의 최고의 기도서인 「존 번연의 하늘 문을 여는 기도」 중에서 응답 받지 못하는 기도 부분을 발췌, 재편집한 것이다.

존 번연의
응답받지
못하는 기도

* * * * *

기도는 하나님의 자녀 된 모든 사람의 의무이다. 그리고 그것은 하나님의 영에 의해서 하는 것이다. 주님으로부터 기도하도록 책임진 모든 사람은 아주 신중해야 할 필요가 있다. 그리고 예수 그리스도를 통해서 하나님의 자비를 소망할 뿐만 아니라 하나님을 경외하므로 특별히 그 일을 열심히 수행해야 한다. 기도는 하나님의 명령이다. 그래서 사람들은 그 안에서 하나님과 더욱더 가까워지는 것이다. 우리가 신령한 사람이 되기를 원하는 것만큼 기도하는 영혼을 도우시기 위한 하나님의 은혜가 그만큼 더 필요하게 되는 것이다. 왕 앞에서 무례하게 행동하는 것은 사람들에게 창피를 주는 일이다. 그것은 죄인들이 하나님 앞에서 그렇게 행동하는 것과 같다.

우리는 세상에 있는 왕이나 지혜자가 볼품없는 말과 세련된 행동으로 연설하는 것처럼 기도하지 말아야 한다. 하나님은 우매한 자의 제사를 기뻐하지 않으신다. "너는 하나님의 집에 들어갈 때에 네 발을 삼갈지어다. 가까이하여 말씀을 듣는 것이 우매한 자들이 제물 드리는 것보다 나으니 그들은 악을 행하면서도 깨닫지 못함이니라. … 네가 하나님께 서원하였거든 갚기를 더디게 하지 말라. 하나님은 우매한 자들을 기뻐하지 아니하시나니 서원한 것을 갚으라"(전 5:1,4).

기도는 말로 긴 사상을 전달하는 것이 아니다. 또한 유창한 웅변가의 혀로 말하는 것도 아니다. 그것은 전심으로 하나님의 귓가에 전달되도록 하는 것이다. 하나님이 원하시는 제사는 겸손과 상하고 통회하는 심령이다. "하나님께서 구하시는 제사는 상한 심령이라. 하나님이여 상하고 통회하는 마음을 주께서 멸시하지 아니하시리이다"(시 51:17). "지극히 존귀하며 영원히 거하시며 거룩하다 이름하는 이가 이와 같이 말씀하시되, 내가 높고 거룩한 곳에 있으며 또한 통회하고 마음이 겸손한 자와 함께 있나니, 이는 겸손한 자의 영을 소생시키며 통회하는 자의 마음을 소생시키려 함이라"(사 57:15). 그러므로 우리는 기도를 방해하고, 심지어 기도가 응답받지 못하도록 만드는 것들에 관하여 정확히 알아야 한다.

마음에 죄악을 품고 드리는 기도

먼저, 마음속에 사악한 것을 품고 드리는 기도이다.

"내가 나의 마음에 죄악을 품었더라면 주께서 듣지 아니하시리라" (시 66:18). 당신은 자신도 모르는 사이에 위선적인 입술로 판단하는 그러한 일을 비밀스럽게 사랑하게 될 것이다. 왜냐하면 그것이 바로 인간의 연약한 마음이기 때문이다. 그리고 그러한 입술로 판단하는 기도를 꼭 붙잡을 것이다. 이러한 종류의 기도는 그들이 입술로는 하나님을 사랑한다고 하지만 그들의 마음은 이미 하나님에게서 멀리 떠나 있는 상태이다.

만약 거지가 개에게 주려고 동냥을 한다면 우리의 눈에 이것이 얼마나 흉해 보이겠는가! 이것은 우리가 입술로는 "주님의 뜻이 이루어지길 바랍니다"라고 말하는 것과 같다. 그러나 정작 우리의 마음은 그러한 일들이 이루어지기를 바라지 않고 있다는 뜻이다. 또한 우리는 입술로는 "이름이 거룩히 여김을 받으시오며"라고 기도한다. 그러나 정작 우리의 마음과 삶은 주님의 이름을 더럽히는 것을 온종일 계속해서 즐기고 있다. 이러한 기도는 도리어 죄가 된다(시 109:7). 그리고 비록 우리가 기도를 자주 드린다 하더라도 하나님은 결코 그 기도에 응답하시지 않을 것이다.

사람들에게 보이려는 외식적인 기도

둘째, 사람들에게 보여주기 위해 드리는 기도이다. 비

록 그가 믿음 있는 사람이라 할지라도 이러한 사람의 기도는 하나님의 응답에 미치지 못한다. 그리고 하나님은 영생에 관한 한 결코 어떤 응답도 하시지 않을 것이다. 기도를 이런 식으로 끝내는 두 종류의 사람이 있다.

어떤 목사는 하나님께 예배하는 척하면서 교인들에게 다가간다. 그의 진짜 관심은 자신의 배를 채우는 데 있다. 이러한 사람들은 특히 아합시대 선지자들에 의해서, 느부갓네살에 의해서 아주 생생하게 표현되고 있다. 그들의 강한 욕망과 부풀림은 그 위대한 일들을 그들의 모든 헌신 속에 빗대어 말하게 했다.

사람들은 웅변적인 말을 호평하고 박수갈채를 보낸다. 그리고 더욱이 다른 어떤 것보다도 듣는 자의 귀와 머리를 기분 좋게 자극한다. 이러한 기도는 사람들에게 듣기 좋게 하려고 하는 기도에 불과하다. 우리는 이러한 사람들에게서 다음과 같은 것을 발견할 수 있다.

하나, 그들은 자신이 드린 기도의 표현 속에서 청중만을 의식하고 응시한다. 둘, 그들은 기도를 다 마친 후에 칭찬을 기다린다. 셋, 그들의 마음은 찬양으로 밝아지거나 혹은 우울하게 되기도 한다. 넷, 그들이 드리는 기도의 길이는 그들을 즐겁게 한다. 그 기도가 길어질 수도 있다. 그리고 그들은 계속해서 한 말을 헛되이 되풀이하기도 한다. "또 기도할 때에 이방인과 같이 중언부언하지 말라. 그들은 말을 많이 하여야 들으실 줄 생각하느니라"(마 6:7).

그들은 말을 길게 하려고 연구하지만 그 기도가 어떤 마음에서부터 오게 되었는지는 찾지 않는다. 다만 그들은 되돌아오는 반응을 기대한다. 그렇지만 그것은 사람에 의한 공허한 박수갈채이다. 그러므로 그들은 조용한 기도실을 좋아하지 않고 사람들 사이에 있기를 좋아한다. 그리고 언제나 양심은 그들을 기도실로 밀어붙이지만 위선은 그들로 하여금 돌아다니게 만든다. 또한 그들의 입술로 드려진 기도가 다 끝마쳤을 때 주님이 뭐라고 말씀하는지를 듣기 위해서 기다리지 못한다.

정욕에 쓰려고 구하는 기도

셋째, 잘못된 것을 위해서 구하는 기도이다. 그들이 올바른 것을 위해서 기도한다 하더라도 그것은 정욕을 위해서, 잘못된 목적을 위해서 사용하려고 기도하는 경우이다. 야고보는 말한다. "너희가 얻지 못함은 구하지 아니하기 때문이요, 구하여도 받지 못함은 정욕으로 쓰려고 잘못 구하기 때문이라"(약 4:2-3). 만약 구하는 목적이 하나님의 뜻과 반대된다면 그 탄원을 포기하는 것이 하나님의 뜻이다. 많은 사람들이 기도를 드리고도 응답받지 못한다. 하나님은 그들에게 침묵으로 응답하신다. 그들은 말로 노동을 했을 뿐이다. 그것이 전부이다.

하나님은 간혹 이런 잘못된 기도를 들어주시기도 한다. 광야시절 비록 이스라엘 백성이 하나님과의 관계가 올바르지 못했고 정욕을 위해서 사용했더라도 메추라기를 주심으로써 하나님은 그들의 기도를 들어주셨다. 그러나 이 응답은 심판 안에 있는 것이지 자비 가운데 있는 것이 아니다. 하나님이 정말로 그들이 요구하는 것을 주셨음에도 그들은 그것을 갖지 않고 더욱더 좋은 것을 가졌다. 왜냐하면 하나님이 그 영혼을 쇠약하게 하셨기 때문이다. 그러므로 이것은 하나님이 응답하시는 사람에게 도리어 재앙이 된다.

자신의 영광을 위해 구하는 기도

넷째, 하나님보다 자신을 나타내고자 하는 기도이다. 이러한 기도는 사람들이 만든 것과 같다. 하나님이 기도를 제정하시고 피조물의 기도를 들으신다고 약속하셨다 할지라도 예수 그리스도 안에 거하지 않는 그 어떠한 피조물의 기도도 들으시지 않는다. "너희가 내 이름으로 무엇을 구하든지 내가 행하리니 이는 아버지로 하여금 아들로 말미암아 영광을 받으시게 하려 함이라. 내 이름으로 무엇이든지 내게 구하면 내가 행하리라"(요 14:13-14). "그런즉 너희가 먹든지 마시든지 무엇을 하든지 다 하나님의 영광을 위하여 하라"(고전 10:31).

당신이 기도할 때 비록 믿음이 깊지 못하고 열심이 없고, 진지하지 못하고 끊임없이 기도하지 못한다 할지라도 단지 그리스도 안에 거하기만 한다면 하나님은 당신의 기도에 응답하실 것이다. 하지만 슬프게도 대부분의 사람들이 주 예수 그리스도의 이름으로 하나님께 나아가는 것을 잘 모르고 있다. 왜냐하면 그들이 부정한 삶을 살고 있으며, 부도덕한 기도를 하며, 사악하게 죽어가고 있기 때문이다. 그렇지 않으면 그들이 단지 자연적인 인간이 도달하려고 하는 단계, 즉 인간과 인간 사이에서 일어나는 말과 행동의 경지에만 이르려 하기 때문이다. 그리고 율법의 의만 가지고 하나님 앞에 다가가려고 하기 때문이다.

형식적으로 드리는 기도

　　　　　다섯째, 능력 없이 형식적으로 드리는 기도이다. 책에 기록된 형식적인 기도문을 가지고 아주 열심을 내며 기도하는 것은 사람들에게 있어서 쉬운 일이다. 그러나 기도의 영을 소유해야 한다든지, 기도의 능력을 갖춰야 한다는 것에 관해 자신에게 질문하지 않는다. 이러한 사람들은 마치 채색을 한 사람과 같다. 그리고 그들의 기도는 마치 그릇된 목소리와도 같다. 그들은 위선자처럼 나타난다. 그들의 기도는 가증스럽다. "사람이 귀를 돌려 율법을 듣지 아니하면 그의 기도도 가증하니라"(잠 28:9). 자기의 영혼을 하나님께 쏟아 부었다고 말할지라도 개처럼 소리를 길게 뽑으며 청승맞게 울부짖는 공허한 메아리에 불과하다.

그러므로 당신이 하늘과 땅에 두루 계신 하나님께 기도하려고 할 때, 혹은 그분께 관심을 둘 때 당신이 원하는 것을 신중하게 생각해야 한다. 많은 사람들처럼 기도의 말 속에서 단지 헛수고하지 말라. 그들이 원하는 것과 같은 일을 구하지 말라. 사람들이 잘못된 필요 때문에 기도에 참여하는 것을 보지 말라. 오직 당신은 전심으로 원하는 것을 보았을 때 그 마음을 지키고 분별 있게 기도하기 위해서 주의하라.

분별 있게 기도하기 위해 주의해야 할 것

먼저, 성령과 함께하지 않는 갑자기 떠오른 확신을 통해 즉석에서 기도하는 것을 주의해야 한다. 사탄의 가장 위대한 일 중 하나는 우리의 가장 좋은 기도를 대항해서 악하게 만드는 것이다. 사탄은 당신의 그릇된 속임의 위선에 아첨할 것이다. 그리고 사탄은 수많은 환상적인 선행으로 당신에게 주입할 것이다. 그때 당신이 기도의 책임을 다한다 하더라도, 그리고 그 밖의 모든 것을 다한다 하더라도 하나님의 코에서 진노의 연기가 날 것이다.

그때 사탄은 가련한 여호수아 우편에 서서 그를 대적하기 위해, 즉 그 사람을, 혹은 그 행동을 하나님이 받으시지 않도록 설득하기 위해 서 있는 것이다. "사람에게 이르기를 너는 네 자리에 서 있고 내게 가까이하지 말라. 나는 너보다 거룩함이라 하나니 이런 자들은 내 코의 연기요 종일 타는 불이로다"(사 65:5). "대제사장 여호수아 는 여호와의 천사 앞에 섰고 사탄은 그의 오른쪽에 서서 그를 대적 하는 것을 여호와께서 내게 보이시니라"(슥 3:1).

그러므로 이와 같은 그릇된 결론과 사실무근의 실망한 상태를 주의해야 한다. 비록 이러한 설득이 당신의 영혼을 급습한다 하더라 도 당신은 하나님과 가까워짐으로써 영혼이 신실하게 되는 것을 막 으려는 사탄 때문에 실망하는 것을 피해야 한다.

둘째, 갑작스러운 유혹이 기도하는 것을 방해하지 못하도록 주 의해야 한다. 사탄의 갑작스러운 유혹이 당신으로 하여금 기도하는 것을 멈추지 못하게 하고, 당신 마음속에 있는 부패도 당신을 방해 하지 못하도록 해야 한다. 앞에서 언급한 모든 일을 당신 자신 속에 서 발견하게 될 것이다. 사탄은 당신의 기도 속에서 사탄 자신을 위 해서 기도하도록 강요하려고 애쓸 것이다. 그때 당신이 할 일은 사 탄을 판단하는 것이며 사탄을 대항하는 기도를 하는 것이다.

이처럼 자신이 하나님을 가까이하면 할수록 더 많이 자신의 비 열한 감정 속에서 거짓말을 하게 될 위험에 노출된다. 낙담시키는 것과 절망시키는 것에 이의를 제기하기보다 오히려 정당화하게 된다. 신성한 하나님의 은혜를 변명하기 위해서 당신 마음속에 비열함과 부패로 얼룩지게 만들 것이다. 그럴 때 당신은 다윗과 같이 하나님께 나아가라. "여호와여 나의 죄악이 크오니 주의 이름으로 말미암아 사하소서"(시 25:11).

응답받는 모든 기도는 성령 안에 있다

나는 지금 연약하고 유혹받기 쉽고 의기소침해진 영혼에게 그리스도를 통해서 하나님께 나아가 기도하라는 격려의 말을 하려고 한다. 하나님께 응답받는 모든 기도는 반드시 성령 안에 있어야만 한다. 왜냐하면 오직 성령만이 하나님의 뜻에 따라 우리를 위해서 중보하시기 때문이다. 그렇지만 성령은 연약한 영혼 속에 역사하고 계시며, 하나님의 자비하심을 위해서 신음하도록 우리를 강하게 움직이고 계신다. 그런 까닭에 비록 우리가 믿음이 없으므로 행하지 못하고, 지금 하나님의 백성이라는 사실을 믿을 수 없다 하더라도 기뻐할 수 있는 것이다. 진리의 은혜가 우리 가운데 거하므로 다음과 같은 몇 가지 격려의 말을 하려고 한다.

먼저, 예수님을 갈망하는 연약한 영혼을 격려하는 말씀을 만날 수 있다는 사실이다. 주님은 떡 세 덩어리를 빌리기 위해서 친구를 찾아간 어떤 사람의 비유를 말씀하고 계신다. 그는 매우 간절히 청했지만 친구에게 거절당했다. 그렇지만 그는 포기하지 않고 집요하고 끈덕지게 간청했기 때문에 친구로부터 떡 세 덩어리를 빌릴 수 있었다. 이 말씀은 비록 믿음이 연약하더라도, 자신의 연약한 영혼을 통해서는 자신이 하나님의 친구라는 사실을 볼 수 없다 하더라도, 하나님의 문 앞에서 자비를 구하기 위해 간청하며 찾으며 두드리기를 절대 그만두지 말 것을 분명하게 나타내고 있다. 우리 주 예수님이 하신 말씀에 주의를 기울여보라. "내가 너희에게 말하노니 비록 벗 됨으로 인하여서는 일어나서 주지 아니할지라도 그 간청함을 인하여 일어나 그 요구대로 주리라"(눅 11:8).

연약한 영혼이여! 당신은 하나님이 당신을 친구로 인정해 주시지도 않을 뿐만 아니라 오히려 악한 행실 탓에 마음으로 원수가 되어버린 당신을 존중해주시지 않는다고 큰소리로 항의하기도 할 것이다. 그리고 주님이 약속하신 말씀을 듣는다 하더라도 예수님이 비유로 말씀하셨던 것처럼 그렇게 부르짖기 어렵다고 생각할 것이다. 그렇지만 당신은 계속해서 문을 두드리고 울부짖고 신음해야 한다. 예수님이 "비록 벗 됨으로 인하여서는 일어나서 주지 아니할지라도 그 강청함을 인하여 일어나 그 요구대로 주리라"고 말씀하셨기 때문이다.

당신은 불의한 재판관과 가난한 과부에 대한 비유의 말씀에서 이와 같은 사실을 발견할 수 있다. 그녀의 강청함은 재판관을 설득했다. "이르시되 어떤 도시에 하나님을 두려워하지 않고 사람을 무시하는 한 재판장이 있는데 그 도시에 한 과부가 있어 자주 그에게 가서 내 원수에 대한 나의 원한을 풀어주소서 하되 그가 얼마 동안 듣지 아니하다가 후에 속으로 생각하되 내가 하나님을 두려워하지 않고 사람을 무시하나 이 과부가 나를 번거롭게 하니 내가 그 원한을 풀어주리라. 그렇지 않으면 늘 와서 나를 괴롭게 하리라 하였느니라"(눅 18:2-5).

나 자신의 경험에 비추어 볼 때 하나님을 설득하기 위한 길은 강청함 외에는 다른 아무것도 없다. 당신도 문 앞에 와 있는 거지에 대해 그런 태도를 보이지 않겠는가? 비록 당신이 거지의 요청에 대해 처음에는 어떤 것도 줄 마음이 없었다 하더라도, 만약 거지가 자신을 비탄하면서 당신을 계속 따라다닌다면 결국 그에게 주고 말 것이다. 왜냐하면 그의 계속적인 강청이 당신을 압도할 것이기 때문이다. 당신은 이처럼 계속해서 강청하는 거지 때문에 자극을 받을 수 있는가? 그러면 하나님 앞에서 그와 같이 행동하라. 하나님은 당신이 필요로 하는 만큼 주실 것이다.

둘째, 하나님은 연약한 피조물의 탄원과 기도를 듣기 위해서 은혜의 보좌에 계신다는 사실이다. 기도에 대한 두려움으로 떨고 있는 연약한 영혼을 확신시키기 위한 또 다른 격려는 하나님이 연약한 피조물의 탄원과 기도를 들으시기 위해 계시는 장소이다. 그곳은 바로

"은혜의 보좌"(히 4:16)이다. 그곳은 또한 "속죄소"(출 25:22)이다. 이것은 복음시대에 하나님이 자비와 용서로 그의 보좌, 즉 영원불변의 보좌를 들어 올리신다는 것을 나타내고 있다. 하나님은 속죄소에 대해 "그곳에서 영혼들을 만날 것이며 죄인들의 소리를 들을 것이며 친히 사귈 것"이라고 말씀하셨다. 그것이 속죄소를 근거로 하고 있다는 사실에 주목해야 한다. "거기서 내가 너와 만나고 속죄소 위, 곧 증거궤 위에 있는 두 그룹 사이에서 내가 이스라엘 자손을 위하여 네게 명령할 모든 일을 네게 이르리라"(출 25:22).

불쌍한 영혼이여! 사람들은 하나님에 대하여, 그리고 자신을 향한 그분의 행동에 대하여 이상하게 생각하는 경향이 있다. 사람들은 성급하게 하나님이 자기를 인정해주시지 않을 것이라는 결론을 내린다. 그렇지만 하나님은 속죄소에 계시며, 연약한 피조물의 기도를 끝까지 들으시며, 존중해주시기 위해 고의로 그 장소를 들어 올리신다.

만약 하나님이 심판의 보좌에서 당신과 함께 이야기를 나누겠다고 하시면, 당신은 진정으로 위대하고 영광스러운 엄위자의 앞에서 떨 것이며 달아나고 말 것이다. 그런데 하나님은 은혜의 보좌에서 영혼들의 소리를 들을 것이며 이야기를 나눌 것이라고 말씀하신다. 이것은 당신에게 격려가 되는 말이며 당신에게 소망의 원인이 된다. 우리는 긍휼하심을 받고 때를 따라 돕는 은혜를 얻기 위하여 은혜의 보좌 앞으로 담대히 나아가야 한다(히 4:16).

셋째, 속죄소에는 우리를 위해 뿌리신 예수님의 피가 있다는 사실이다. 하나님과 함께 계속해서 기도하도록 돕는 또 다른 격려가 있다. 하나님이 연약한 죄인들과 이야기하시는 속죄소에는 예수님이 뿌리신 피가 있다는 사실이다. 이것을 "뿌린 피"(히 12:24)라고 부른다. 율법 아래서 대제사장은 "피 없이는"(히 9:7) 그 속죄소 안으로 들어갈 수가 없었다. 왜 그랬을까? 그 이유는 하나님이 속죄소 위에 계신다 하더라도 그분은 완전히 정의로울 뿐만 아니라 자비로워야 하셨기 때문이다.

예수님의 피는 다음 구절에 나타난 것과 같이 대제사장의 중보 안에서 사람들의 형벌을 집행하는 심판을 막았다. "여호와 앞에서 분향하여 향연으로 증거궤 위 속죄소를 가리게 할지니 그리하면 그가 죽지 아니할 것이며, 그는 또 수송아지의 피를 가져다가 손가락으로 속죄소 동쪽에 뿌리고, 또 손가락으로 그 피를 속죄소 앞에 일곱 번 뿌릴 것이며, 또 백성을 위한 속죄제 염소를 잡아 그 피를 가지고 휘장 안에 들어가서 그 수송아지 피로 행함 같이 그 피로 행하여 속죄소 위와 속죄소 앞에 뿌릴지니, 곧 이스라엘 자손의 부정과 그들이 범한 모든 죄로 말미암아 지성소를 위하여 속죄하고, 또 그들의 부정한 중에 있는 회막을 위하여 그같이 할 것이요. 그가 지성소에 속죄하러 들어가서 자기와 그의 집안과 이스라엘 온 회중을 위하여 속죄하고 나오기까지는 누구든지 회막에 있지 못할 것이며"(레 16:13-17).

오늘 그 피는 당신이 그리스도 안에서 자비를 구하기 위해 하나님께로 나아가는 것을 방해하지 못할 것임을 상징한다. 당신은 이제까지 하나님의 진노만을 일으키는 거의 가치 없는 것을 부르짖었다. 그런 까닭에 하나님은 당신의 기도를 존중해주시지 않았다. 이것은 사실이다. 당신이 아직도 가치 없는 것을 즐거워한다 하더라도 이제 당신은 속임수에 불과한 것에서 벗어나 하나님께로 나아가야 한다.

그러나 당신이 죄책감으로부터 구원받기를 열망하면서 당신의 무가치한 감각으로 당신의 마음을 하나님께 쏟아 붓는다 할지라도 예수님의 피가 당신을 도울 것이다. 두려움 없이 당신의 온 마음을 다하여 더러운 죄악으로부터 깨끗해지기를 열망하면서 하나님께 당신의 마음을 쏟아 붓는다 할지라도, 예수님의 피로 인해 당신의 무가치함이 하나님이 듣는 것을 중단하는 원인이 되지 않을 것이다.

속죄소 위에 뿌려진 그리스도의 보혈은 당신을 향한 심판의 진행을 멈추게 했고, 하나님의 자비하심이 당신에게 확장되게 하는 수문을 여는 열쇠가 되었다. 그러므로 당신은 예수님의 피를 힘입어 성소에 들어갈 담력을 얻게 되었다(히 10:19). 그 피는 당신을 위하여 "새로운 살 길"(히 10:20)을 만들었으며 그 피로 당신은 죽지 않게 되었다.

예수님은 속죄소에 자신의 피를 뿌리셨을 뿐만 아니라 그 피를 통하여 우리에게 계속 말씀하고 계신다. 예수님께는 예수님의 말씀을 듣는 청중이 있다. 그리고 예수님의 피에도 청중이 있다. 예수님은 말씀하신다. "내가 피를 볼 때에 너희를 넘어가리니 재앙이 너희에게 내려 멸하지 아니하리라"(출 12:13). 나는 더는 당신을 지체하게 하지 않을 것이다. 술 취하지 말고 겸손하라. 그 아들의 이름으로 아버지 앞에 가서 성령의 도우심으로 당신의 문제를 말하라. 그때 당신은 성령과 함께 지혜로 하는 기도의 유익함을 느끼게 될 것이다.

기도하지 않는 죄에서 벗어나라

먼저, 이것은 슬프게도 기도하지 않는 당신에게 하는 말이다. 그리스도인은 가슴속으로 "나는 기도할 것이다"라고 말한다. 만약 당신이 기도하는 사람이 아니라면 당신은 그리스도인이 아니다. 경건한 자는 하나님을 만날 기회를 기다려 기도할 것이기 때문이다. "이로 말미암아 모든 경건한 자는 주를 만날 기회를 얻어서 주께 기도할지라. 진실로 홍수가 범람할지라도 그에게 미치지 못하리이다"(시 32:6).

그런데 만약 당신이 기도하지 않는다면 당신은 아주 불행한 사람이다. 야곱은 하나님과 겨루어 이김으로써 '이스라엘'이란 새로운 이름을 얻었다(창 32:28). 그 후 하나님의 모든 자녀는 그와 함께 그 이름을 지니게 되었다. 그러나 기도하기를 잊어버린 사람들은 예수님의 이름으로 그들에게 도움이 되는 것을 구할 수 없다. 그들은 단지 "주를 알지 못하는 이방 사람들과 주의 이름으로 기도하지 아니하는 족속들에게 주의 분노를 부으소서"(렘 10:25)라고 해야 할 것이다.

당신은 하나님 앞에 당신의 마음을 쏟아 붓기보다 차라리 개처럼 침실에 가서 잠을 자고, 돼지처럼 혹은 주정뱅이처럼 일어나면서 그분께 간구하는 것을 잊어버리지 않았는가? 자비를 위해서 간구하는 것에 대한 가치를 중요하게 생각하지 않았던 당신의 슬픔을 위해서 누가 슬퍼해 주겠는가? 당신에게 말하지만 그때 큰 까마귀와 개들이 당신을 심판하려고 일어날 것이다. 그들조차 자기들의 성질에 따라서 자기들을 새롭게 하려고 어떤 소리를 낼 것이다. 그렇지만 당신은 영원히 멸망할 지옥에 떨어진다 하더라도 하늘을 향해 부르짖을 마음을 갖고 있지 않을 것이다.

둘째, 이것은 성령으로 하는 기도와 성령을 가볍게 여기는 당신을 책망하는 것이다. 하나님이 이러한 일이 일어나지 않도록 준비하라고 하실 때 당신은 무엇을 할 것인가? 당신은 단지 왕에게 대항해서 말하는 것을 대역죄라고 생각하며 그와 같은 생각으로 떨면서 성령을 모독할 수 있다. 그러나 하나님이 정말로 희롱당하거나 당신의 즐거움의 목적이 될 수 있을 것이라고 생각하는가? 하나님이 당신으로 하여금 비웃으라는 목적으로 그의 백성의 마음속에 성령을 보내셨는가? 그것이 하나님을 섬기는 것인가? 또한 그것이 교회의 개혁을 나타내는 것인가? 아니면 그것이 하나님께 버림받지 않았다는 표시인가?

오, 두려움이여! 율법을 거역한 당신의 죄로 말미암아 지옥에 떨어지게 된 것으로 충분하지 않은가? 그것도 모자라 거룩하고 해가 없고 순결한 은혜의 성령, 즉 하나님의 속성이며 그리스도의 약속이고, 그의 백성의 위로자이신 은혜의 성령을 대항하는가?

성령 없이는 이 세상의 누구도 하나님이 응답하시는 어떠한 예배도 드릴 수 없다. 성령이 반드시 계셔야 한다. 그런데도 당신 노래의 후렴구에서 성령을 악담하고 조롱하며 비웃을 수 있는가? 만약 하나님이 모세와 아론에게 대적한 것 때문에 고라와 그에 속한 사람들을 지옥 불로 삼키신 사실을 기억한다면 성령을 비웃고도 처벌받지 않고 피할 수 있다고 생각하는가?(민 16:31-35, 히 10:29) 당신은 하나님이 아나니아와 삽비라가 성령을 속이고 거짓말한 것을 밝혀내셨던 사실을 읽어 본 적이 없는가?(행 5:1-11) 시몬이 성령을 돈으로 사려고 했던 것을 읽어보지 못했는가?(행 8:18-22)

이를 통해 볼 때 당신의 죄가 미덕이 될 수 있는가? 성령이 하나님의 자녀들에게 맡겨주신 사명과 섬김과는 반대되는 격렬한 노여움을 당신의 직무로 생각하고 있는데, 어찌 당신에게 재앙이 없겠는가? 은혜의 성령을 모욕하는 일은 두려운 일이다. "그러므로 내가 너희에게 이르노니 사람에 대한 모든 죄와 모독은 사하심을 얻되 성령을 모독하는 것은 사하심을 얻지 못하겠고"(마 12:31). "누구든지 성령을 모독하는 자는 영원히 사하심을 얻지 못하고 영원한 죄가 되느니라 하시니"(막 3:29).

셋째, 이것은 기도로 성령을 대항하는 당신을 책망하는 것이다. 성령의 사역을 책망하거나 경멸하는 방식으로 성령을 모독하는 사람들에게 멸망이 임했다는 사실은, 사람들이 만들어낸 기도문 형식에 의한 기도로 성령을 대항하는 당신에게 있어서도 두려워해야 할 일이다. 이것은 사람의 전통을 더욱더 존중히 여기게 하려는, 기도의 성령보다는 자기 자신을 더 높이 평가하게 하려는 사탄의 아주 교묘한 술책이다. 이것은 하나님이 예배 장소로 지정하신 곳인 예루살렘으로 가는 길을 막아 하나님의 진노를 일으켰던 여로보암의 저주받은 우상과 조금도 다를 것이 없다(왕상 12:26-33).

어떤 사람들은 옛날 사람들의 위선적인 행동에 관한 하나님의 심판에 대해 주의 깊게 들어야 하며, 우리 자신이 그렇게 행동하는 것을 두려워해야 한다고 생각한다. 그렇지만 오늘날의 지도자는 다른 사람들이 심판받는 것에 의한 경고를 무시한다. 오히려 그들은 인간의 규범을 세우기 위해서 하나님의 명령을 받아들이지 않거나 하나님의 칭찬을 받지 못하는 그러한 똑같은 범죄를 필사적으로 저지르고 있다. 그러나 분명한 건 성령께 순종하지 않는 사람은 누구든지 반드시 이 땅에서 쫓겨날 것이다.

하나님이 당신에게 기도문을 요구하신 적이 있는가? 만약 하나님이 요구하신 적이 있다면 어디인가? 내가 확신하는 것처럼 만약 하나님이 그것을 요구하시지 않는다면 세상의 교구나 주교, 혹은 다른 목회자들이 하나님이 요구하시지 않은 것을 예배 속에서 명령함으로써 어떠한 저주를 받았는지 생각해보라! 심지어 사람들은 그 안에 어리석은 일을 하는 사람들이 포함되어 있음에도 하나님의 신성한 예배에서처럼 고백해야 한다고 주장한다. 다시 말하지만 인간은 기도문만으로 절대 평화롭게 살 수 없다. 하나님을 예배하는 데 있어서 가장 두드러진 부분이 기도문에 의존한 인간 자신이기에 하나님의 명령을 절대 받아들일 수가 없다.

하나님의 나라보다 인간의 전통이 예배에 임할 때 그 열매는 무엇이겠는가? 기도와 성령의 관계에 대해 부인하며 형식적으로 만들어진 기도를 강요하게 되는 것이다. 성령을 저하하고 형식을 격찬할 것이다. 그들은 자기에게 주어진 성령으로 기도할 수 있다는 특권을 고결하게 생각하면서도 형식적인 기도문만을 갖고 기도할 것이다. 이러한 관행을 좋아하는 사람들이 "경건의 모양은 있으나 경건의 능력은 부인"(딤후 3:5) 하는 것에서 돌아서라고 명령하고 있는 하나님에 대해 어떻게 대답할 수 있겠는가?

사람들이 성령의 기도보다 다른 사람들이 만들어 놓은 기도문을 부각하는 것을 증명하기 위해서 그렇게 오랜 시간이 걸리지 않을 것이다. 왜냐하면 그들은 성령의 기도보다 주기도문을 외울 것이며 성령의 기도보다 사람이 만든 기도문을 외울 것이기 때문이다. 이처럼 기도문을 중시하는 경향은 성령으로 기도하는 것을 추방하고자 하는 사람들에게서 나타난다. 그들은 단지 형식으로만 하는 기도를 환영하고 좋아하는 것이다. 왜냐하면 그들이 그렇게 기도하기 때문이다. 그들은 하나님이 지정하신 특별하고 은혜로운 약속인 성령으로 기도하기보다 그들 자신이 만든 형식이나, 혹은 다른 사람들이 연구해서 만들어낸 기도문을 더 사랑하고 부각시킬 것이다. 자비로우신 하나님은 성령으로 기도하기를 위해 애쓰는 사람들의 마음을 변화시키신다.

06

George Muller

※ 이 글은 기도와 성령의 사람 앤드류 머레이가 1886년에 쓴 글로써 조지 뮬러의 기도에 담긴 응답의
  비밀을 아주 객관적으로 서술해 놓은 글이다. 현대를 살아가는 성도들에게 기도 응답에 관한 성숙한
  신앙을 온전히 가르쳐 줄 수 있는 귀한 글이다.

조지 뮬러의
기도에 담긴
응답의 비밀

＊　　＊　　＊　　＊　　＊

　　현재에서는 제대로 이해되지도 실행되지도 않는 참신한 진리를 교회에 가르쳐주고 싶어 하실 때 하나님은 말과 행동을 통하여 그 축복에 대한 살아 있는 증거가 될 수 있도록 한 사람을 세움으로써 대부분 그렇게 하신다. 그러므로 하나님은 19세기에 다른 사람들 사이에서 이 조지 뮬러를 세우셔서 하나님이 실제로 기도를 들으시는 분임을 보여주는 증인으로 삼으셨다. 나는 기도와 관련하여 하나님의 말씀에 담긴 주요한 진리들이 조지 뮬러의 삶을 비롯하여 뮬러가 자신의 기도 체험에 관하여 언급하는 이야기를 간략히 개관하는 것보다 더 효과적으로 설명하고 정립할 수 있는 다른 방법을 알지 못한다.

　　조지 뮬러는 1805년 9월 25일 프러시아에서 태어났으며, 지금 나이는 80세이다(이 짧은 글은 앤드류 머레이가 1886년에 쓴 글이다 - 편집자

주). 심지어 신학생으로서 할레대학교에 들어간 이후에도 초창기 시절에는 지극히 심술궂은 사람이었다. 겨우 스무 살 무렵이던 어느 날 저녁, 친구의 인도로 한 기도회에 참석하여 깊은 감동을 받은 이후로 얼마 지나지 않아 뮬러는 인격적으로 구세주를 알게 되는 축복을 누리게 되었다. 그로부터 오래지 않아 조지 뮬러는 선교사들의 보고서를 읽기 시작하였으며, 얼마 후에는 유대인들에게 기독교를 전파하기 위하여 런던선교학회에 자기 자신을 헌신하게 되었다.

처음에는 학생으로 받아들여지게 되었지만, 머지않아 그 학회의 규정에 따라 모든 것을 순복할 수 없다는 사실을 발견하게 되었다. 그 규정은 성령님의 인도하심에 대해 너무나 적은 여지와 자유를 남겨놓았기 때문이다. 그리하여 이러한 연관성은 상호 동의 아래 1830년에 끝나고 말았으며, 그 뒤 뮬러는 테인머스에서 조그만 회중을 돌보는 목회자가 되었다. 1832년에는 브리스톨로 인도를 받았으며, 고아원과 다른 사역으로 인도받았던 베데스다 채플의 목회자가 되었다. 그와 관련하여 하나님은 조지 뮬러를 너무나 놀랍게 인도하여, 하나님의 말씀을 신뢰하고 하나님이 그 말씀을 어떻게 성취하시는지를 체험하게 하셨다.

조지 뮬러의 영성생활과 관련한 몇 가지 발췌문은 기도에 관한 뮬러의 경험 중에서 우리가 특별히 인용하고 싶은 것들에 대한 길을 열어준다.

"이와 관련하여 주님은 내가 경건생활을 시작하는 바로 그 순간 부터 아주 은혜롭게 나에게 영적인 것들에 대한 단순함이라는 척도와 어린아이 같은 성향이라는 기준을 허락해주셨다. 그래서 내가 지나칠 정도로 성경에 무지하여 아직도 시시때때로, 심지어 외적인 죄악으로 넘어지는 동안에도 기도하고 계시는 주님에게 아주 세세한 문제라도 여전히 가지고 나아갈 수 있었다. 그리고 '육체의 연단은 약간의 유익이 있으나 경건은 범사에 유익하니 금생과 내생에 약속이 있느니라' (딤전 4:8)는 사실을 발견하게 되었다. 비록 매우 연약하고 무지하기는 하지만, 그럼에도 여전히 하나님의 은혜로 나에게는 지금 다른 사람들에게 유익을 끼치고 싶다는 소망이 어느 정도 자리 잡고 있으며, 한때는 너무나 성실하게 사탄을 섬겼던 사람이 이제는 그리스도를 위하여 영혼을 얻기 위해 분투하고 있다."

조지 뮬러가 하나님의 말씀을 활용하는 법과 그 말씀을 더욱 명확하게 깨닫도록 하나님이 허락하신 선생으로서 성령님을 신뢰하는 법을 깨닫도록 인도함을 받은 것은 테인머스에서였다. 그 당시를 뮬러는 이렇게 기록하고 있다.

"그때 하나님은 오직 하나님의 말씀만이 영적인 문제에서 우리의 판단 기준이라는 사실을 나에게 보여주기 시작하셨다. 또한 그 말씀은 오직 성령님을 통해서만 설명될 수 있으며, 이전 시대뿐만 아니라 우리 시대에도 그건 역시 마찬가지라는 사실을 나에게 보여주셨다. 성령님은 하나님의 백성들을 가르치는 선생이셨다. 그 이전에 나는 이와 같은 성령님의 직분을 경험적으로 이해하지 못했었다.

그것은 특히 이와 같은 후자의 요점을 이해하기 위한 출발점이었으며, 나에게 커다란 영향을 끼치게 되었다. 왜냐하면 주님은 나로 하여금 각종 주석과 거의 모든 다른 책들을 옆으로 제쳐두고 단순히 하나님의 말씀만을 읽고 공부하게 하심으로써 그것을 경험으로 시험해 볼 수 있게 하셨다.

그 결과는 내가 성경 말씀에 따라 기도하고 묵상하는 일에 나 자신을 드리기 위하여 내 방문을 걸어 잠근 첫째 날 저녁에, 단 몇 시간도 지나지 않아서 이전에 여러 달에 걸쳐 했던 것보다 더 많은 것을 배우게 되었다. 그러나 특별한 차이점은 그렇게 함으로써 나는 내 영혼에 실질적인 힘을 얻었다는 점이다. 이제 내가 배우고 보았던 것들을 성경으로 시험하려 노력하기 시작하였으며, 그 시험을 이겨낸 그러한 원리들만이 참된 가치가 있다는 사실을 발견하게 되었다."

하나님의 말씀에 순종하는 것에 대하여, 세례(침례)받는 것과 관련하여 조지 뮬러는 다음과 같이 기록하고 있다.

"내가 성경에서 무엇을 발견하든지 간에 내 삶을 통해 기꺼이 실행하려는 그와 같은 상태로 내 마음을 변화시킨 것은 물론 하나님의 풍성하신 자비이기는 했지만 하나님을 기쁘시게 하였다. '나는 그분의 뜻대로 행할 것'이라고 말할 수 있었으며, 내가 믿기로 '어느 교리가 하나님께로부터 말미암은 것인지'를 알게 되었던 이유도 바로 그 때문이었다. 그런데 여기서 나는 방금 전에 넌지시 언급했던 단락이 우리의 가장 거룩한 믿음에 대한 수많은 교리와 교훈들에 관하여 나에게 가장 놀라운 언급들이었음을 관찰하게 되었던 것이다(요 7:17 참조).

예를 들면 '나는 너희에게 이르노니 악한 자를 대적하지 말라. 누구든지 네 오른편 뺨을 치거든 왼편도 돌려 대며 또 너를 고발하여 속옷을 가지고자 하는 자에게 겉옷까지도 가지게 하며 또 누구든지 너로 억지로 오 리를 가게 하거든 그 사람과 십 리를 동행하고 네게 구하는 자에게 주며 네게 꾸고자 하는 자에게 거절하지 말라. 또 네 이웃을 사랑하고 네 원수를 미워하라 하였다는 것을 너희가 들었으나 나는 너희에게 이르노니 너희 원수를 사랑하며 너희를 박해하는 자를 위하여 기도하라'(마 5:39-44). '너희 소유를 팔아 구제하여 낡아지지 아니하는 배낭을 만들라. 곧 하늘에 둔 바 다함이 없는 보물이니 거기는 도둑도 가까이 하는 일이 없고 좀도 먹는 일이 없느니라'(눅 12:33). '피차 사랑의 빚 외에는 아무에게든지 아무 빚도 지지 말라. 남을 사랑하는 자는 율법을 다 이루었느니라'(롬 13:8)는 말씀들이다.

그러나 '확실히 이러한 구절의 말씀들은 문자 그대로 취할 수는 없지 않겠는가? 왜냐하면 그렇게만 한다면 도대체 어떻게 하나님의 백성들이 세상을 뚫고 들어갈 수 있겠는가?'라고 말할 수도 있을 것이다. 하지만 '사람이 하나님의 뜻을 행하려 하면 이 교훈이 하나님께로부터 왔는지 내가 스스로 말함인지 알리라'(요 7:17)는 말씀에서 명령하는 마음 상태는 그러한 이의 제기를 사라지게 만든다. 우리 주님의 이러한 명령들을 기꺼이 문자 그대로 실행하려는 사람들은 내기 믿기에 누구든지 나와 마찬가지로 문자 그대로 이 명령들을 받아들이는 게 하나님의 뜻임을 깨닫게 될 것이다.

흔히 이런 식으로 하나님의 명령을 취하는 사람은 틀림없이 여러 가지 어려움에 봉착하게 되는데, 그것들은 육신으로 굉장히 견디기 힘들 일이다. 그러나 이러한 상황들은 끊임없이 그 사람으로 하여금 여기 이 세상에서는 낯선 자이며 순례자요, 이 세상은 본향이 아니라고 느끼게 만든다. 그리하여 하나님에게 더 많은 것을 내던지게 한다. 왜냐하면 바로 그 하나님이 어떤 난관이라도 능히 헤쳐 나갈 수 있도록 확실히 도와주실 것이라 믿기 때문이다."

하나님의 말씀에 대한 이와 같은 절대적인 순복은 물질과 관련하여 확실한 관점과 행위로 조지 뮬러를 인도하였으며, 그것이 뮬러의 인생에 강력한 영향을 미쳤다. 그것은 우리가 돈에 관해서는 단지 하나님의 청지기일 뿐이며, 그러므로 모든 돈은 하나님과 직접적으로 교제하는 가운데 받고 나눠주어야 한다는 확신 속에 견고히 뿌리를 내리게 했다. 이것은 조지 뮬러로 하여금 다음과 같은 4가지 커다란 규칙 안에서 행하도록 인도했다.

첫째, 어떤 고정적인 사례도 받지 말자. 그런 사례를 받으려고 하다 보면 상당히 많은 경우에 하나님을 섬기는 일이 유지되도록 하기 위한 자유로운 헌금에 문제가 생길 수 있다. 그뿐만 아니라 그런 사례를 받으려고 하다 보면 살아계신 하나님 자신을 신뢰하기보다는 인간적인 수입원에 더 많이 의존하게 되는 위험성이 상존하기 때문이다.

둘째, 어떤 인간적인 도움도 요청하지 말자. 아무리 그 필요성이 크다 할지라도, 오히려 조지 뮬러는 그분의 종을 돌보며 그 종들의 기도를 듣겠다고 약속하신 하나님께 자신의 부족함을 아뢰었다.

셋째, "네 소유를 팔아 가난한 자들에게 주라"(마 19:21, 막 10:21, 눅 18:22)는 이와 같은 명령을 문자 그대로 받아들이기 위해서는 절대로 돈을 저축하지 않고, 오히려 하나님이 자신에게 맡긴 모든 물질을 그때그때 하나님의 가난한 자들과 하나님 나라의 일에 전부 쓰는 것이 올바른 순종이다.

넷째, 또한 "피차 사랑의 빚 외에는 아무에게든지 아무 빚도 지지 말라. 남을 사랑하는 자는 율법을 다 이루었느니라"(롬 13:8)는 말씀을 문자 그대로 받아들이기 위해서는 절대로 신용카드나 빚을 내 물건을 구입하는 대신, 오히려 하나님의 공급하심을 신뢰하자.

이와 같은 생활 방식이 처음에는 그리 녹록치 않았다. 그러나 뮬러는 하나님 안에서 안식하기 위하여 그분 앞으로 나아와 뒷걸음질 치고 싶은 유혹을 받을 때마다 하나님과 더욱 친밀한 연합으로 나아가는 영혼이 가장 복되다는 사실을 입증했다. 왜냐하면 죄악 가운데 살아가면서 하나님과 친교를 나누며, 현재에 필요한 모든 것을 하늘로부터 가지고 내려오는 것은 그럴 법하지도 않았고 가능하지도 않았기 때문이다.

뮬러는 브리스톨에 정착한 지 얼마 지나지 않아 국내 및 해외를 위한 성경지식연구원(The Scriptural Knowledge Institution)을 설립하여 주중학교, 주일학교, 선교사역, 성경사역 등의 사역을 했다. 이 단체의 사역 가운데에서 조지 뮬러를 가장 널리 알려지게 했던 고아원사역은 그 가지 가운데 하나가 되었다. 뮬러가 여러 학교들 가운데 한 곳에서 그리스도께로 인도되었으나 영적인 필요를 전혀 공급받지 못하고, 어쩔 수 없이 아동보호소로 보내져야 했던 어떤 고아의 경우로 말미암아 마음에 커다란 부담을 느낀 것은 1834년이었다. 그리고 고아원사역을 직접하고 있던 프랑케(Franke)를 만난 직후에 뮬러는 이렇게 기록했다(1835년 11월 20일).

"오늘 나는 이제 더 이상 고아원을 세워야겠다는 마음만 품지 않고, 일단 그 일을 착수해야겠다는 다짐을 하게 되었다. 하나님의 마음을 분별하기 위하여 그런 생각을 존중하면서 상당히 많은 기도를 쌓아오고 있었다. 하나님이여, 당신의 뜻을 밝히 드러내소서."

다시 한번 25일자 일기에서는 이렇게 기록하고 있다.

"나는 어제와 오늘에 걸쳐 고아원에 관하여 다시금 상당히 많이 기도했다. 그러면서 점점 더 그게 하나님의 뜻이라는 확신을 품게 되었다. 하나님이여, 자비를 베푸셔서 저를 인도하여 주소서. 거기에는 다음과 같은 3가지 주요한 이유가 있다. 첫째, 하나님이 영광 받으실 것이라는 점. 나에게 그러한 수단들을 제공하시면서 하나님이 기뻐하심에 틀림없는 것, 하나님을 신뢰하는 것은 쓸데없는 짓이 아니라는 사실이 분명히 드러나게 된 점, 그리하여 하나님의 자녀들의 믿음도 역시 강해질 수 있다는 점. 둘째, 아버지와 어머니가 없는 자녀들의 영적 전쟁을 위하여. 셋째, 그 아이들의 일시적인 전쟁을 위하여."

하나님을 기다리면서 몇 달 동안 기도한 뒤 35명의 아이들을 위한 공간을 갖춘 집 한 채를 임대하였다. 그 후 석 달이라는 시간이 더 흐르는 과정에서 전부 120명의 아이들을 받아들이게 되었다. 그 사역은 10년 동안 이런 식으로 계속 진행되었으며, 오직 하나님께만 고아들에게 필요한 모든 것을 공급해 달라고 요청했다. 그것은 종종 절박한 필요와 간절한 기도의 시간이기도 했지만, 금보다 더 귀한 믿음의 시험은 하나님을 찬양하고 그분께 모든 영광을 돌리도록 하였다. 하나님은 이런 뮬러를 위해 더 큰 일을 준비하고 계셨다.

하나님의 섭리와 성령으로 말미암아 조지 뮬러는 하나님으로부터 300명의 아이들을 받아들일 수 있는 집을 구하는 데 필요한 1만 5천 파운드를 확실하게 약속받을 때까지 하나님을 바라면서 기다리도록 인도하심을 받았다. 이 첫 번째 집을 1849년에 열었다. 1858년에는 950명 이상의 고아들을 위하여 3만 5천 파운드의 비용을 들여서 두 번째, 세 번째 집을 열었다. 그리고 1869년과 1870년에는 850명의 고아들을 위하여 네 번째와 다섯 번째 집을 열었는데, 이번에는 5만 파운드의 비용이 들었다. 그리하여 총 2,100명의 고아들을 받아들일 수 있게 되었다.

이 사역과 더불어 하나님은 조지 뮬러에게 고아원 건축, 고아들을 돌보는 일, 또 다른 사역, 각종 학교와 선교단체 후원, 성경과 전도용 소책자 발행과 배포와 같은 아주 많은 일을 주셨다. 이 모든 일을 통하여 조지 뮬러는 50년 동안 하나님의 일을 할 수 있도록 하나님으로부터 영국 돈으로 1백만 파운드 이상을 받았다. 조지 뮬러가 하나님의 말씀과 성령의 인도하심에 순종하여 1년에 겨우 35파운드라는 조그만 사례비를 포기했을 때 하나님이 그런 순종과 믿음에 대한 보상으로 뮬러에게 허락하기 위하여 준비해 놓으셨던 것을 주의 깊게 주목해보라. 아마 뮬러는 꿈에도 상상하지 못한 선물들이었을 것이다. 이 얼마나 놀랍도록 하나님의 말씀이 조지 뮬러에게 성취되었단 말인가! "그 주인이 이르되 잘하였도다. 착하고 충성된 종아 네가 적은 일에 충성하였으매 내가 많은 것을 네게 맡기리니 네 주인의 즐거움에 참여할지어다"(마 25:23).

그런데 이러한 일들은 우리에게 본보기를 보여주기 위하여 일어났다. 하나님은 우리도 역시 조지 뮬러의 본보기를 따르는 자들이 되라고 부르고 계신다. 비록 조지 뮬러는 그리스도의 본보기를 따랐을지라도 말이다. 뮬러의 하나님은 역시 우리의 하나님이기도 하며, 그와 동일한 약속은 우리에게도 역시 허락하신 것이다. 조지 뮬러가 수고한 그와 같은 사랑과 믿음의 섬김은 모든 측면에서도 우리를 위한 부르심이기도 하다.

그리스도의 기도학교에서 우리가 배운 교훈들과 관련하여 하나님이 기도의 사람인 조지 뮬러에게 그토록 놀라운 능력을 베푸신 방식을 한 번 찬찬히 공부해보라. 우리가 하나님의 말씀 안에서 복되신 주님과 함께 지금까지 쭉 공부해 온 몇몇 교훈들의 가장 놀랍고 구체적인 설명이 그 안에 들어 있음을 발견하게 될 것이다.

우리는 우리를 향하신 주님의 가장 큰 교훈에 특별한 인상을 받게 되는데, 만약 우리가 하나님의 뜻을 따라서, 하나님의 말씀을 통하여, 성령으로 말미암아 우리에게 알려주신 대로 명확한 기도 제목을 가지고 하나님이 지시하시는 방식으로 그분께 나아간다면 우리는 무엇이든지 구하는 대로 이루어질 것이라는 매우 커다란 확신을 가질 수 있을 것이다.

영원한 하나님의 말씀을 의지하라

하나님이 우리의 기도에 응답하시는 것은 우리가 하나님의 음성을 얼마나 경청하느냐에 따라 달려 있다는 사실을 지금까지 여러 차례 주목해 왔다. 우리는 특별한 기도 제목을 가지고 간구하러 나아갈 때 특별한 약속의 말씀을 붙잡아야 한다. 그뿐만 아니라 우리의 모든 삶이 그 말씀의 주권 아래 머물러 있어야 한다. 그 말씀이 우리 안에 내주해 있어야 한다. 바로 이 점에 관한 조지 뮬러의 간증은 매우 교훈적이다. 조지 뮬러는 하나님의 말씀과 그에 관한 성령의 가르침이 차지해야 할 진정한 자리를 발견함으로써 영성 생활에서 어떻게 새로운 시대를 시작하게 되었는지를 우리에게 말해준다. 그에 관하여 조지 뮬러는 이렇게 기록하고 있다.

"이제 성경적인 방식의 추론은 이런 식으로 전개되어야 한다. 하나님 자신이 창시자가 되기 위하여 이 땅에 내려오셨으며, 성령이 그분의 종들을 도구로 사용하여 기록할 수밖에 없었던 그 소중한 책에 대하여 나는 무지하지만, 거기에는 내가 알아야 하는 것과 나를 참된 행복으로 인도하는 지식이 포함되어 있다. 그러므로 나는 이처럼 가장 소중한 책을, 이 책 중의 책을, 아주 간절한 마음으로, 기도하는 마음으로 깊이 묵상하면서 읽고 또 읽어야 한다. 그리고 이와 같은 훈련을 통하여 내 삶을 하루 종일 꾸려가야 한다. 왜냐하면 그 책을 단지 조금밖에 읽지 않았기에 그 책에 관하여 거의 아무것도 모른다는 사실을 깨달았기 때문이다. 그러나 그 책을 더 많이 공부하기 위하여 하나님의 말씀에 관한 무지로 말미암아 인도함을 받아서 이런 식으로 반응하는 대신에, 내가 성경을 이해하면서 겪는 어려움과 그 책에서 별다른 기쁨을 누리지 못하는 것은 나로 하여금 성경책을 읽는 일에도 그다지 많은 주의를 기울이지 못하게 만들었다. 왜냐하면 굉장히 많이 기도하는 마음으로 하나님의 말씀을 읽는 것은 단지 더 많은 지식을 제공할 뿐만 아니라 그 책을 읽으면서 얻는 기쁨을 키워주기 때문이다.

그러므로 다른 많은 성도들과 마찬가지로 나는 실제로 경건생활을 시작한 지 처음 4년 동안에는 살아계신 하나님의 여러 가지 신탁에 영감받지 않은 사람들의 작품을 더 좋아했다. 그와 같은 실패는 지식과 은혜 두 영역 모두에서 나를 어린아이로 남아 있게 하였다. 이를테면 지식에서도 모든 참된 지식에 관하여 성령님을 통해 하나님의 말씀에서 유래를 찾아야 했다. 그런데 내가 그 말씀을 무시했을 때 거의 4년 동안 굉장히 무식해져서, 심지어 우리의 거룩한 믿음에 관한 아주 기본적인 요점들조차도 분명히 파악할 수 없었다."

"그런데 가장 슬픈 일은 이와 같은 지식의 부족은 꾸준히 하나님의 길을 걸어가지 못하도록 뒤처지게 만들었다는 사실이다. 왜냐하면 내가 1829년 8월에 사실상 성경으로 다시 돌아오자 주님은 매우 기뻐하셨으며, 그로 말미암아 내 삶과 품행이 굉장히 달라졌다. 또한 비록 그때 이후로 내가 마땅히 서 있어야 하는 모습에는 상당히 많이 못 미치기는 했지만 하나님의 은혜로 나는 이전보다 훨씬 더 많이 하나님과 가까운 곳에서 살아갈 수 있게 되었다. 만약 어떤 성도들이 실제로 거룩한 성경책보다 다른 책들을 더 좋아하며, 하나님의 말씀보다 훨씬 더 많이 사람들의 작품을 읽는다면 그 사람들은 나의 실패를 통해 경고를 받을 수 있을지도 모르겠다."

"이 주제를 떠나기 전에 나는 한마디를 덧붙이고 싶다. 만약 어떤 독자가 하나님의 말씀에 대해 아주 조금밖에 이해하지 못하는 경우라면 그 사람은 성경책을 상당히 많이 읽어야 할 것이다. 왜냐하면 성령님이 말씀으로 말씀을 설명하실 것이기 때문이다.

그런데 만약 그 사람이 조금씩 성경 말씀을 읽는 것을 즐거워한다면 성경을 자주 읽으면서 그로 말미암아 기쁨을 찾을 수 있기 때문에 그는 점점 더 많이 성경을 읽고 싶어 하게 될 것이다. 다른 무엇보다 그 사람은 오직 하나님만이 성령을 통하여 자신을 가르칠 수 있다는 사실을 자기 자신의 마음속에서 확정하려고 애써야 하며, 그러므로 하나님께 축복을 달라고 기도할 때 그 사람은 성경을 읽기 전부터, 또한 성경을 읽는 동안에도 하나님의 축복을 구하게 될 것이다."

"더구나 비록 성령님이 가장 좋고 충분한 선생님이기는 하지만, 그럼에도 이 선생님은 언제나 우리가 원할 때마다 즉각적으로 가르쳐주지는 않으신다는 사실을 자기 마음속으로 확정해야 했을 것이다. 그러므로 우리는 어떤 특정한 단락에 대하여 자꾸만 반복해서 그분께 여쭈어봐야 할 수도 있다. 그래야 성령님은 우리에게 명확하게 가르쳐주실 것이다. 만약 우리가 정말로 기도하는 마음으로, 참을성 있게, 하나님의 영광을 바라보면서 빛을 찾기만 한다면 말이다."

우리는 조지 뮬러가 일기를 통해 자신의 영성생활을 살찌우기 위하여 하나님의 말씀을 붙들고 기도하느라 두세 시간씩 보내게 되었다는 언급을 자주 발견하게 된다. 이와 같은 기도생활의 열매로써 뮬러는 기도 가운데 힘과 격려가 필요할 때는 하나님 아버지의 살아 있는 음성으로 들었던 살아 있는 말씀들을 들었으며, 이제 그로 말미암아 뮬러는 살아 있는 신앙을 가지고 하나님 아버지께로 나아올 수 있게 되었다.

오롯이 하나님의 뜻을 분별하라

어린 성도들이 겪는 가장 큰 어려움 가운데 하나는 자신이 원하는 게 하나님의 뜻에 따른 것인지 아닌지의 여부를 도대체 어떻게 알 수 있는가 하는 것이다. 나는 그것이 하나님이 조지 뮬러의 경험을 통하여 가르치시기 원하는 가장 소중한 교훈들 가운데 하나라고 생각한다. 하나님이 말씀에서 직접적으로 언급하시지 않은 것들 중에서 기꺼이 우리에게 알려주시길 원하는 교훈이라고 생각한다. 그것이 바로 우리를 향한 하나님의 뜻이며 우리가 얼마든지 구할 수 있는 것이다.

성령의 가르침은 말씀을 배제하거나 상충되지 않으며, 오히려 그 말씀을 뛰어넘어 초월하는 것이다. 그리고 그 말씀에 더하는 것이며, 그것이 없이는 우리가 하나님의 뜻을 알 수 없기에 모든 성도가 물려받아야 할 유산이다. 성령이 우리의 특별한 필요에 일반적인 원칙이나 약속들을 적용함으로써 가르치시는 것은 오직 말씀을 통해서이다. 실제로 우리가 가는 길에 말씀을 빛으로 만들 수 있는 분은 오직 성령뿐이시다. 그것이 우리가 일상에서 의무적으로 걸어가야 하는 길이든, 아니면 믿음으로 하나님께 가까이 나아가야 하는 길이든 상관없이 말이다. 그러므로 우리는 그분의 종에게 너무나 확실하고 명확하게 알려주시는 하나님의 뜻을 발견하기 위하여 어린아이 같은 단순함과 온순함으로 나아가야 한다.

하나님의 뜻이라는 확신 속에서 첫 번째 고아원을 건축하는 것과 관련하여 조지 뮬러는 1850년 5월, 그 고아원이 문을 연 직후에 그때까지 겪었던 여러 가지 큰 어려움에 관하여 이야기했다. 하지만 그런 어려움이 자연스럽게 사라진 상태에서는 그 어려움이 얼마나 자그맣게 보일 수밖에 없었는지를 찬찬히 기록하고 있다.

"그러나 내 앞에 있는 가능성이 나를 압도하는 동안 나는 그것을 아주 자연스럽게 바라보았으며, 그것이 어떻게 귀결될 것인지에 관하여 단 한 번도 의문을 품지 않았다. 왜냐하면 나는 그 출발점에서부터 하나님을 위하여 이처럼 거대한 고아원을 건축하는 일로 나아가야 하는 것이 하나님의 뜻이라고 확신했기 때문이다. 나는 그 시작에서부터 마치 고아원이 벌써 아이들로 가득 채워진 것처럼 전체 과정을 순조롭게 마칠 수 있을 것이라 확신했다."

무엇이 하나님의 뜻이었는지를 발견하는 조지 뮬러의 방법은 특히 두 번째 고아원을 건축하는 과정에 대한 그의 언급에서 아주 명확하게 드러나 있다. 나는 독자들에게 이 이야기가 전해주는 교훈을 주의 깊게 공부하도록 요청하는 바이다.

"1850년 12월 5일. 이러한 상황들 아래서 나는 다정다감하게 자비를 베푸시는 주님께 나를 통하여 사탄이 유익을 얻는 일이 없도록 간절히 기도할 수밖에 없었다. 하나님의 은혜로 내 마음은 이렇게 말하고 있었다. '주님, 이 문제에서 제가 전진하는 게 주님의 뜻이라는 사실을 확실할 수만 있다면 저는 기쁜 마음으로 그렇게 할 수 있습니다. 그런데 다른 한편으로 만약 이것들이 헛되고 어리석고 교만한 생각이라면, 그것들이 당신으로부터 온 게 아니라 사탄의 유익을 위하는 일이라면 저는 당신의 은혜로 그것들을 싫어하면서 완전히 그만둘 것입니다.'"

"내 소망은 하나님 안에 있다. 하나님이 나를 도와주시고 가르쳐 주실 것이다. 그러나 하나님이 이전에 나를 다루셨던 것들로 판단해 보았을 때 만약 하나님이 여전히 이런 식으로 훨씬 더 많이 수고하도록 나를 부르셨다면 그건 나에게 전혀 이상한 일이 아니다."

"고아원 사역을 더욱 확장하려는 생각은 최근에 재정 후원이 많이 들어왔다고 해서 품은 생각이 아니다. 왜냐하면 나는 최근에 약 7주 동안이나 하나님을 기다리고 있었기 때문이다. 그동안 조금씩, 상대적으로 아주 조금씩, 곧 이전에 들어왔던 것보다 4배 정도나 더 많은 지출이 생겨나고 있었기 때문이다. 주님이 이전에 나에게 많은 돈을 보내주시지 않았더라면 우리는 정말 커다란 곤란에 빠질 수밖에 없었을 것이다."

"주님! 이 문제에서 당신의 종이 어떻게 당신의 뜻을 알 수 있을까요? 당신은 저와 같은 종을 가르치기를 기뻐하지 않으십니까? 저에게 가르쳐주소서!"

"12월 11일. 마지막 6일 동안 앞에서 언급한 이후로 나는 줄곧 날마다 이 문제에 관하여 하나님을 기다리고 있었다. 그것은 일반적으로 온종일 내 마음속에 어느 정도 자리 잡고 있었다. 밤에 깨어 있을 때에도 그건 결코 내 생각에서 멀어지지 않았다. 그러나 이 모든 일에 별다른 흥분도 찾아오지 않았다. 나는 그 문제에 관하여 이상할 정도로 고요하고 차분한 상태를 유지할 수 있었다. 내 영혼은 이와 같은 섬김에서 전진하고 있다는 사실을 기뻐하고 있었다. 그러면서 주님이 나에게 그렇게 하도록 시키셨다는 확신을 가질 수 있었다. 그래서 이때 수없는 어려움에도 불구하고 모든 일이 잘 될 것이며 하나님의 이름이 찬양을 받으실 것이라 믿게 되었다."

"다른 한편으로 주님은 현재 활동 범위에 대해 나로 하여금 만족하게 하실 것이며, 내가 그 일을 더욱 확장시키는 것과 관련하여 기도해서는 안 된다고 확신하고 있었다. 그런데 하나님의 은혜로 별다른 노력 없이도 거기에 기쁜 마음으로 순복할 수 있었다. 주님이 나를 그와 같은 마음 상태로 인도하셔서 나는 이 문제에 관하여 오직 그분만을 기쁘게 하기를 소망하고 있다. 더욱이 지금까지 나는 이 일에 관하여, 심지어 사랑하는 아내에게까지도 아무런 언급이나 내색조차 하지 않았다. 또한 앞으로 한동안 그렇게 할 수 있을 것 같다. 왜냐하면 나는 이 주제에 관하여 아무런 대화도 나누지 않았고, 오직 주님만을 잠잠히 기다리는 것을 더 좋아하기 때문이다. 이런 식으로 하나님의 은혜로 말미암아 외부의 일들로부터 영향을 받지 않고, 훨씬 더 쉽게 자신을 지킬 수 있도록 하기 위해서 말이다. 이 문제에 관하여 내가 기도하면서 느끼는 부담은 주님이 나로 하여금 아무런 실수도 저지르지 않도록 해달라는 것이었다. 주님이 그분의 뜻대로 행할 수 있도록 나를 가르쳐 달라는 것이었다."

"12월 26일. 내가 이전 단락을 기록한 지도 벌써 15일이라는 시간이 경과했다. 그때 이후로 날마다 나는 이 문제에 관하여 계속해서 기도했다. 하나님의 도우심으로 간절한 마음이라는 멋진 수단을 활용하여 그렇게 했다. 이렇게 깨어 있는 날 동안에는 이 문제가 내 앞에 조금이라도 얼쩡거리지 않았던 시간은 거의 없었다. 그러나 조그만 흥분의 그림자도 전혀 없었다. 나는 그에 관하여 누구와도 대화를 나누지 않는다. 지금까지 나는 사랑하는 아내와도 그런 대화를 나눈 적이 한 번도 없다. 이를 위하여 나는 가만히 삼가고 있을 뿐이며, 그 문제에 대하여 오직 하나님만이 다루실 수 있다고 생각하고 있다. 어떤 외부의 영향력도 하나님이 그분의 뜻을 나에게 명확하게 보여주실 것이라는 확신을 흔들지 못한다."

"오늘 저녁 나는 특별히 하나님의 뜻을 알기 위한 중대한 시기를 맞이하고 있다. 그러나 나로 하여금 이 사업에 현혹되지 않도록 해달라고 주님께 계속해서 간구하며 부르짖는 동안, 그 문제가 어떻게 진행될 것인지에 관하여 내 마음속에 어떤 의심도 들지 않았다. 나는 오직 이 문제를 계속해서 밀고 나가야 한다는 생각밖에 다른 어떤 생각도 떠오르지 않았다. 이것이 하나님의 뜻이라면 하나님의 은혜로 몇 년이라도 기다릴 수 있을 것이다. 다른 한편으론 주님이 그렇게 하라고 명령하신다면 당장 내일이라도 그 일에 착수할 수 있을 것이다."

"이와 같은 마음의 고요함, 이처럼 그 문제에서 나 자신의 뜻을 전혀 품지 않는 것, 이렇게 그 문제에서 오직 하늘에 계신 아버지만을 기쁘게 하기를 원하는 것, 거기에서 내 명예가 아니라 오직 하나님의 영광만을 구하는 것, 이와 같은 심령의 상태는 내가 분명히 말하건대 내 마음이 어떤 육신적인 흥분 상태 아래 있지 않으며, 오직 나로 하여금 이런 식으로 계속해서 나아갈 수 있도록 도와준다. 그렇다면 이것은 하나님의 뜻을 온전히 깨달을 수 있는 가장 완전한 확신이다."

"나는 겨우 3백 명의 고아들에게 성경의 교훈을 전하는 대신 천 명의 고아들에게 그렇게 할 수 있기를 원한다. 하나님은 여전히 우리의 기도를 들어주시며 그 기도에 응답하시는 분임을, 그리고 지금까지 계속 그래 왔으며 앞으로도 쭉 그러실 것처럼 하나님은 지금도 살아계신 하나님임을 훨씬 더 풍성하게 드러낼 수 있기를 바란다. 이 마지막 고려사항은 내 마음속에서 가장 중요한 요점이다. 주님의 명예는 이 전체 문제에서 나에게 아주 중대한 요점이다. 그리고 단지 사정이 이러하다는 이유만으로, 만약 주님이 이 일을 전혀 진전시키지 않으심으로써 훨씬 더 많은 영광을 받으실 수 있다면 나는 그분의 은혜로 또 다른 고아원과 관련한 모든 생각을 포기하더라도 전적으로 만족할 것이다. 나는 하나님의 도우심으로 이 일에 관하여 기도하는 가운데 날마다 계속해서 하나님을 기다리는 데 더 많이 집중할 것이다. 하나님이 나로 하여금 행동하도록 감동을 주실 때까지 말이다."

"1851년 1월 2일. 일주일 전 나는 앞선 단락을 썼다. 이 주간 동안 나는 여전히 또 다른 고아원에 대한 주님의 인도하심을 구하기 위하여 날마다, 그리고 매일 한 번 이상씩 도움을 받고 있었다. 내 기도의 부담은 여전히 주님의 커다란 자비 가운데 주님이 내가 실수를 저지르지 않도록 지켜달라는 것이었다. 지난 주간 잠언 말씀을 계속 읽는 중에 다음과 같은 말씀으로 이 주제에 관하여 내 마음을 시원하게 해주셨다. '너는 마음을 다하여 여호와를 신뢰하고 네 명철을 의지하지 말라. 너는 범사에 그를 인정하라. 그리하면 네 길을 지도하시리라. 스스로 지혜롭게 여기지 말지어다. 여호와를 경외하며 악을 떠날지어다'(잠 3:5-7). 하나님의 은혜로 나는 범사에, 특히 이 일에서 주님을 인정하고 있다. 그러므로 나는 주님이 이런 부분의 섬김에 관하여 내 길을 지도하실 것이라 확신하고 있다. 내가 거기에 완전히 빠져 들든지 아니든지 상관없이 말이다. 더구나 '정직한 자의 성실은 자기를 인도'(잠 11:3)하는 것처럼 하나님의 은혜로 나는 이 일에서 올바른 길로 나아가고 있다. 내 정직한 목적은 하나님이 영광을 받으시는 것이다. 그러므로 나는 올바른 길로 인도받기를 기대하고 있다. 더 나아가 '너의 행사를 여호와께 맡기라. 그리하면 네가 경영하는 것이 이루어지리라' (잠 16:3). 나는 주님께 내 모든 행사를 맡기고 있으며, 그러므로 내가 경영하는 모든 것이 이루어지기를 기대하고 있다. 내 마음은 주님이 고아원 사역보다 훨씬 더 많은 일에서 나를 사용하기 원하신다는 확신으로 나아가고 있다. 주님, 여기 당신의 종이 있나이다. 나를 쓰시옵소서!"

나중에 두 군데나 더 추가적인 고아원, 곧 네 번째와 다섯 번째 고아원을 짓기로 결정했을 때 조지 뮬러는 다시금 이렇게 기록하고 있다.

"그 마지막 단락을 기록한 이후로 훌쩍 12일이나 지났다. 지금까지 나는 여전히 고아원 사역을 확장하는 것과 관련하여 날마다 주님을 바라며 기다릴 수 있었다. 또한 나는 이 전체 기간 동안 완벽한 평안 가운데 거하고 있었는데, 그것은 이 일을 통하여 오직 주님의 명예와 동료 직원들의 영적인 유익만을 구하려고 애쓴 결과이다. 그러므로 별다른 노력 없이도 하나님의 은혜로 이 전체 일에 관한 모든 생각을 얼마든지 옆으로 제쳐둘 수 있었다. 만약 그렇게 하는 것이 하나님의 뜻이라고 확신할 수만 있다면 말이다."

"나는 여전히 이 문제를 전적으로 나 자신에게만 제한하고 있다.

비록 이제 그때 이후로 7주가 지나긴 했지만 내 마음은 날마다 그 문제를 곰곰이 생각하고 있다. 그런데 날마다 정기적으로 그 문제에 관하여 기도만 해오고 있기 때문에 단 한 사람도 그에 관하여 알고 있지 못하다. 그러니까 심지어 사랑하는 아내에게까지 한마디도 언급하지 않았으며, 잠잠히 오직 하나님만을 바라고 있다. 이 과정에서 그 주제에 관하여 다른 사람들이 말하는 것들에 아무런 영향을 받지 않도록 하기 위해서 말이다."

"오늘 저녁은 특별히 기도하기 위하여 따로 시간을 떼어놓고 내가 이 일에서 실수하지 않도록, 더 나아가 사탄에게 현혹당하지 않도록 주님께 간구하고 있다. 그와 동시에 나도 역시 내 마음속에 떠오르는 또 다른 고아원 건축을 반대할 만한 모든 이유와 고아원 건축을 찬성할 만한 모든 이유를 찾아보려고 노력하였다. 그리고 지금 더 명확하고 분명하게 하기 위하여 이렇게 그 이유들을 찬찬히 적어내려 가고 있는 중이다."

"그러나 이전에는 9가지나 되는 많은 이유가 나를 짓누르고 있었지만, 그게 단 하나도 없는 것처럼 나에게 아무런 영향도 미치지 못할 것이다. 그건 바로 이런 이유 때문이다. 몇 달 동안 그 문제를 곰곰이 생각해보고, 그와 관련된 모든 사항과 온갖 어려움을 세밀히 살펴본 후로 수많은 기도를 올려드린 뒤에, 마침내 평강 가운데 이와 같은 확장을 결정하기로 인도하심을 받았기 때문이다. 끊임없이 자꾸 조르는 아이는 하늘에 계신 하나님 아버지께서 어디에 현혹되거나, 심지어 실수를 저지르도록 가만히 내버려두지 않기 때문에 평안 가운데 거하면서 이와 같은 결정에 대하여 완벽하게 평화를 누리게 된다. 그러므로 이 결정은 순조롭게 진행될 수밖에 없으며, 하나님을 신뢰하기 때문에 그 사람은 결코 좌절하지 않을 것이다. 그 사람에게도 역시 수많은 엄청난 어려움이 닥칠 수 있겠지만 완전한 응답을 얻기 전에 이미 헤아릴 수 없을 정도의 기도가 하나님께 올라가 있을지도 모르는 일이다. 상당히 많은 믿음과 인내의 훈련이 요구될 수도 있지만, 결국에는 다시금 응답을 볼 수 있을 것이기에 하나님을 신뢰하는 그분의 종은 결코 실망하지 않을 것이다."

오직 하나님의 영광만을 구하라

나는 지금까지 하나님의 뜻에 따르지 않은 채로 기도함으로써 우리가 구하는 것을 응답받지 못하는 이유를 외부에서 찾으려고 애써 왔다. 하지만 성경은 우리 자신에게서 그 원인을 먼저 찾으라고 경고하고 있다. 이를테면 우리는 올바른 상태에 있지도, 올바른 영으로 구하지도 않고 있다는 것이다. 그 일이 하나님의 뜻과 완전히 일치할 수도 있지만, 간구하는 자세와 간구하는 자의 영은 그렇지 않을 수도 있다. 그러므로 우리는 응답을 받지 못하게 된다.

모든 죄악의 거대한 뿌리는 자아이자 자기를 추구하는 자세이기에, 심지어 더 많은 영적인 갈망 속에서도 이것만큼 하나님의 응답을 너무나 효과적으로 가로막는 것은 아무것도 없다. 곧 우리가 자기 자신의 쾌락이나 영광을 위하여 기도하는 것이다. 능력과 설득력 있는 기도는 하나님의 영광을 위하여 간구해야 하며, 그 사람이 하나님의 영광을 위하여 살아갈 때라야 비로소 그렇게 할 수 있다.

우리는 기도의 여정을 시작하는 순간부터 하나님께 영광을 돌리기 위하여 신중하고 체계적으로 그 사람을 인도하시는 성령님에 관한 놀라운 역사를 조지 뮬러에게서 목격하게 된다. 우리는 다음의 기록을 통해 조지 뮬러가 뭐라고 말하는지를 심사숙고하여 하나님이 우리에게 가르치기 원하시는 교훈을 배워야 한다.

"우리 시대에 하나님의 자녀들에게 특별히 필요한 것들 중에 하나가 그 사람의 믿음을 강하게 만드는 것임을 입증하는 사례들이 나에게 꾸준히 제시되어 왔다. 그러므로 나는 우리 하나님 아버지께서 지금까지 그래왔던 것과 같이 신실하신 하나님이시며, 이전만큼이나 지금도 역시 그분을 신뢰하는 모든 사람에게 아주 기꺼이 살아계신 하나님으로서 그분 자신을 충분히 입증하신다고 확신한다."

"내 영은 그 사람들의 믿음을 강화시키기 위한 도구로 사용되기를 갈망한다. 그분을 의지하는 모든 사람을 도와주기 위하여 그분 자신의 기꺼운 마음과 능력에 관해 하나님의 말씀으로부터 나오는 여러 가지 증거들을 그 사람들에게 제시할 뿐만 아니라 그분이 우리 시대에도 역시 동일하신 분이라는 여러 가지 증거들을 보여줌으로써 그렇게 하기를 원한다. 나는 하나님의 말씀만으로도 당연히 충분하다는 사실을 잘 알고 있으며, 나에게도 은혜로 말미암아 그것은 충분했다는 사실을 잘 알고 있다. 그러나 여전히 우리 형제자매들의 돕는 손길을 빌려야 한다고 생각했다."

"그러므로 나는 그리스도의 교회에 종으로 매인 몸이라고 생각하였으며, 특히 그로 말미암아 자비, 다시 말해 그분의 말씀을 통하여 하나님을 만날 수 있으며, 그 말씀을 의지할 수 있다는 점에서 더욱 그렇다. 이 일의 첫 번째 목적은 이전뿐만 아니라 지금도 역시 다음과 같다. 곧 내가 돌보고 있는 고아들이 자신들에게 필요한 모든 것을 다른 어느 누구에게도 요청하지 않은 채로 오직 기도와 믿음을 통하여 공급받고 있다는 사실로 말미암아 하나님께서 영광 받으실 수 있도록 하는 것이다. 이를 통하여 하나님은 여전히 신실하신 분이며, 여전히 우리의 기도를 듣고 계시는 분임을 드러낼 수 있을 것이다."

"나는 다시금 이 마지막 며칠 동안 고아원에 관하여 상당히 많이 기도하였으며, 자주 내 마음을 주의 깊게 살펴보았다. 그러면서 만약 고아원을 세우는 일에 나 자신을 만족시키려는 소망이 추호라도 자리 잡고 있다면 내가 그것을 발견할 수 있도록 해달라고 기도하였다. 왜냐하면 내가 오직 주님의 영광만을 바랄 때 만약 그 문제가 하나님께 속한 게 아니라면 나는 우리 형제들을 사용하셔서 내게 가르침을 주시는 하나님을 기뻐할 것이다."

"1835년에 드디어 고아원 사역을 시작했을 때 내가 가진 주요한 목적은 단순히 기도와 믿음이라는 도구를 통하여 성취할 수 있는 것들에 관한 실제적인 본보기를 제시함으로써 하나님의 영광을 드러내는 것이었다. 또한 그것은 이 일을 통하여 지금도 여전히 살아계신 하나님이라는 사실을 보여줌으로써 교회에 유익을 줄 뿐만 아니라 아무런 관심도 없는 세상에 하나님의 일에 관한 실상을 알도록 인도하기 위한 것이었다. 내 목표는 하나님께로부터 넉넉하게 존중을 받았다. 수많은 죄인들이 회심하기에 이르렀으며, 내가 예상했던 것과 마찬가지로 전 세계 곳곳에 있는 수많은 하나님의 자녀들이 이 일을 통하여 상당히 많은 혜택을 누리게 되었다. 그러나 이 일이 점점 더 크게 확장됨에 따라 그 축복도 점점 더 커지게 되었으며, 내가 찾아다녔던 바로 그 방식으로 그 축복이 베풀어졌다. 수많은 사람들이 그 일에 주의를 기울이게 되었으며, 수많은 사람들이 그 사역을 직접 목격하려고 찾아오게 되었다."

"이 모든 것은 하나님께 더욱 커다란 영광을 돌리기 위하여 이런 식으로 점점 더 수고하고 싶은 마음을 품도록 나를 인도하고 있다. 언제든지 주님을 바라보고 찬미하고 탄복하고 신뢰하고 의지할 수 있다는 사실이 바로 이 섬김의 사역에서, 그리고 특별히 이처럼 의도적인 사역 확장에서 내가 목표하는 바이다. 어떻게 아주 가난한 사람이라도 단지 하나님을 신뢰함으로써 기도를 시작할 수 있는지 보여줄 수 있다는 사실은, 그리고 이를 통하여 다른 하나님의 자녀들이 하나님을 의뢰하는 가운데 계속해서 하나님의 일을 하도록 인도받을 수 있다는 사실은, 그리고 하나님의 자녀들이 각자 자기 자신의 개인적인 위치와 환경에서 하나님을 점점 더 많이 신뢰하도록 인도받을 수 있다는 사실은 나로 하여금 이처럼 더 많은 사역 확장으로 인도받게 만들었다."

변함없이 하나님을 신뢰하라

조지 뮬러의 이야기에서 발견할 수 있는 것들에 관하여 내가 지적하고 싶은 몇 가지 다른 요점들이 있기는 하지만, 한 가지만 더 이야기하는 것으로도 충분하리라 확신한다. 그건 바로 끈질긴 기도의 비밀로써 하나님의 약속에 관한 확고하고도 흔들리지 않는 신뢰라는 교훈이다. 만약 우리가 하나님의 약속을 굳게 붙잡고서 하나님 아버지께서 우리의 기도를 들으신다고 믿는다면 우리는 조금이라도 지체하거나 믿음이 흔들리도록 가만히 내버려두어서는 안 된다.

"일상적인 기도에 대한 완전한 응답은 그게 완전히 실현되는 것과는 상당히 거리가 있지만, 기도를 계속할 수 있도록 우리 주님이 허락하시는 풍성한 격려가 있었다. 그러나 앞으로 받을 것보다는 이미 임한 것들이 훨씬 더 적다고 한 번 가정해보라. 성경적인 근거 위에서 이미 결론에 도달한 이후에, 그리고 상당히 많은 기도와 자기 성찰의 시간을 보낸 이후에 나는 이 목적에 관하여 믿음과 인내를 훈련하는 데서 아무런 흔들림 없이 계속해 나가야 한다. 그러므로 일단 기도 가운데 하나님 앞으로 가져온 어떤 것이 하나님의 뜻에 따른 것이라는 사실에 만족하는 모든 하나님의 자녀는 그 축복을 받을 때까지 믿음과 기대와 끈기의 기도를 계속해야 한다."

"그러니까 나는 단 하루도 쉬지 않고 지난 10년 6개월 동안 날마다 하나님을 추구했던 바로 그 특정한 축복들을 지금도 가만히 기다리고 있다. 아직도 어떤 개인들의 회심에 관해서는 충분한 응답이 이루어지지 않았다. 비록 그 사이에 지금까지 수천 가지 기도 응답을 받기는 했지만 말이다. 또한 나는 약 10여 년 동안 각각 다른 개인들의 회심을 위하여, 6~7년 동안은 다른 사람들을 위하여, 2~3년 동안은 또 다른 사람들을 위하여 쉬지 않고 날마다 기도해 왔다. 그러나 여전히 그 사람들에 관한 응답은 이루어지지 않고 있다. 한편 그러는 사이에 다른 수많은 기도들은 상당히 많이 응답되었으며, 또한 내가 기도해 왔던 많은 영혼들이 회심하기도 하였다."

"내가 하나님께 구하기만 하면 즉각적으로 응답을 받았다고 생각할 수도 있는 사람들의 유익을 위하여, 또는 내가 어떤 것에 관하여 기도하면 그 응답을 확실히 얻을 것이라고 생각하는 사람들의 유익을 위하여 특별히 이 점을 강조하고자 한다. 어떤 사람이든 오직 하나님의 마음에 따라 기도할 경우에만 응답을 받으리라고 기대할 수 있다. 심지어 그럴 때라도 상당히 오랜 세월 동안 인내와 믿음을 훈련해 왔을지도 모른다. 지금까지 내가 언급해 온 문제에 관하여 나 역시도 그런 훈련을 받았으니까 말이다. 그럼에도 나는 여전히 날마다 계속해서 기도하는 가운데 너무나 확실하게 응답을 기대하고 있기에 종종 나는 하나님이 확실하게 응답을 주실 것이라는 사실에 감사해 왔다. 비록 이제 19

년 동안이나 이런 식으로 믿음과 인내를 훈련해 왔을지라도 말이다. 사랑하는 그리스도인들이여, 기도에 당신 자신을 내주기 위하여 성실함으로 용기를 내라. 만약 당신이 오직 하나님의 영광만을 위하여 그런 것들을 구한다고 확실할 수 있는 경우라면 말이다."

"그러나 가장 놀라운 요점은 바로 이것이다. 곧 새로운 고아원을 준비하고 진척시키는 데 필요한 모든 수단을 위해 나는 6년 8개월 동안 기도했으며, 대개는 날마다 몇 차례씩 기도하면서 고아원사역을 확장하는 데 필요한 여러 가지 수단들을 나에게 제공해달라고 간청하였다. 1861년 봄에 진행된 계산에 따르면 거기에 대략 5만 파운드의 자금이 투입되었던 것으로 나타났는데, 그게 지금까지 내가 지원받은 총액이었다. 내 마음속에 이처럼 그 일을 확장시키도록 꿈을 꾸게 하신 주님, 그를 향한 용기와 믿음을 나에게 불어넣어주신 주님께 찬양과 영광을 올려드린다. 그리고 다른 무엇보다도 아무런 흔들림 없이 내 믿음을 지켜주신 주님께 찬양과 영광을 올려드린다."

"그 후원금 중에서 최종 금액을 받는 순간, 이처럼 거대한 액수를 향하여 나아가면서 단 한 푼의 기부금도 받지 못했을 때보다 그 전체적인 계획에 관하여 더 많이 확신했던 때는 없었다고 회고

하게 되었다. 이제 나는 한 번 하나님의 마음을 배운 이후에 수백 명의 고아들을 수용하는 두 개의 고아원이 이미 내 앞에 세워졌던 것처럼 하나님이 그 목적을 달성하실 것이라고 처음부터 충분히 확신하게 되었다."

"나는 이 주제와 관련해서 어린 신자들을 위하여 여기에 간략하게 몇 가지를 언급하고자 한다. 첫째, 주님을 섬기는 일이나 당신의 일터나 당신의 가정에서 새로운 조치를 취하고자 할 때 천천히 한 걸음씩 나아가면서 모든 사항을 꼼꼼히 면밀하게 따져 보고, 하나님을 경외하면서 거룩한 성경의 조명 아래 모든 것을 철저히 비춰보기 바란다. 둘째, 하나님의 마음을 확인하기 위하여 당신이 취하려고 하는 어떤 조치와 관련하여 당신 자신의 뜻은 조금도 구하지 말기 바란다. 그리하여 만약 하나님이 기뻐하면서 당신을 교훈하고자 하신다면 당신은 기꺼이 하나님의 뜻을 행하려 한다고 정직하게 고백하기 바란다. 셋째, 그러나 하나님의 뜻이 무엇인지를 파악하고, 하나님의 도우심을 구하면서 간절하고 끈질기게, 인내심을 갖고 믿으면서 그 뜻을 구할 때 당신은 하나님의 때와 방법에 따라 분명히 그것을 얻게 될 것이다."

"우리가 단지 재정적인 부분에서만 어려움을 겪을 것이라고 생각한다면 실수를 저지르게 될 것이다. 그 외에도 다른 수많은 부족한 것과 수많은 다른 어려움이 생겨나게 된다. 아무런 어려움이나 부족함 없이 어느 하루를 그냥 지나가는 것은 굉장히 드문 일이다. 오히려 날마다 매번 극복해야 할 수많은 어려움과 수많은 필요가 언제나 도사리고 있다. 이 모든 것은 우리의 우주적인 치유책인 기도와 믿음으로 해결되어야 한다. 우리 주 예수님의 이름으로 하나님께 드려지는 끈질긴 믿음의 기도는 항상 그 즉시 축복을 가져오게 된다. 내가 하나님의 영광을 위하여, 그리고 어떤 실제적인 선을 위하여 그렇게 되리라고 확신할 수만 있다면 하나님의 은혜로 어떤 축복이든 받게 되리라는 사실을 확실히 믿어 의심치 않는다."

이처럼 조지 뮬러의 기도 응답 비밀은 단순했다. 오직 하나님의 영광만을 위하여 기도했다. 5만 번 이상 기도 응답을 받았다는 조지 뮬러의 기도처럼 당신도 하나님의 영광만을 위한 단순한 기도로 응답의 축복을 누릴 수 있다. ■

기도문

Prayer

※ 아우구스티누스 | 토마스 아 켐피스 | 마틴 루터 | 메리 스튜어트 | 수산나 웨슬리

조지 물러 | 찰스 H. 스펄전 | D. L. 무디 | 존 베일리 | 사무엘 로간 브랭글 | 주기철

디트리히 본회퍼 | 윌리엄 바클레이 | A. W. 토저 | 라인홀더 니버 | 존 스토트 | 피터 마샬

헨리 나우웬 | 헬렌 굿 브레네만 | 반 부덴 | 토마스 캠벨 | 더글라스 맥아더 장군 | 존 예이츠

위대한
영적 거장들의
대표 기도문

>>> Prayer 1 _ 참회의 기도
회개의 마음을 주소서

주 하나님, 영원하신 아버지시여!
당신의 거룩하고 장엄한 보좌 앞에서
우리가 가련한 죄인들임을 고백하며
진정한 마음으로 인정합니다.
우리는 태어날 때부터 허물과 부패를 안고 나옵니다.
우리는 악한 것을 행하기를 좋아하며
온갖 선한 일을 하기에 자격이 부족합니다.

사악한 우리는 끊임없이
당신의 거룩한 계명을 범합니다.
그러므로 당신의 의로운 심판이
우리에게 멸망과 저주를 선고하심이 정당합니다.
그러나 주님!
당신에게 계속해서 죄를 지어 온 우리 자신을 생각할 때
마음이 매우 불쾌합니다.

진정하게 뉘우치는 마음으로
우리 자신과 우리의 악함을 저주하면서
주의 은총이 재난 속에 빠진 우리를
지탱해 주시기를 기도합니다.

지극히 복되시며 자비가 충만하신 아버지 하나님!
당신의 아들 우리 주 예수 그리스도의 이름으로
우리를 긍휼히 여기소서.
우리의 악과 흠을 없애주시며 날마다 성령의 선물들을
우리에게 부어주사 넘치게 하소서.
우리의 온 마음으로 우리의 불의함을 깨닫게 하사
우리 마음이 불쾌함으로 가득차게 하소서.

그리하여 우리 마음속에
진정한 회개의 마음을 싹트게 하시며
온갖 죄들을 범한 우리의 지체를 죽이사
우리 안에서 우리 주 예수 그리스도를 힘입어
주께 합당한 의와 순결의 열매가 열리게 하소서.

- 아우구스티누스 / 아프리카 히포의 주교이자 「고백론」의 저자

오, 하나님!
당신의 성령이 베푸시는 은총으로써
나를 강하게 해주소서.

내적 인간이 지닌 힘으로써
나를 강하게 만들어주시고
내 마음에서 온갖 쓸데없는 걱정과
근심을 없애주시며
천하든 귀하든 어떤 사물을
지나가 버리는 것으로 보고
나 자신도 그것들과 더불어
지나가 버리는 것으로 보게 해주소서.

태양 아래에서는 어떠한 것도
영원하지 못하며
모든 것이 허무요

영혼을 괴롭히는 것뿐이로소이다.
이렇게 생각하는 것이 얼마나 지혜롭습니까?

주여!
나에게 하늘의 지혜를 주시어
무엇보다도 먼저 당신을 찾아서 뵙게 해주시고
무엇보다도 먼저 당신을 기쁘게 해드리고
당신을 사랑하게 해주시며
당신의 지혜에서 비롯된 질서를 따라
만물을 있는 그대로 이해하도록 해주소서.

- 토마스 아 켐피스 / 「그리스도를 본받아」의 저자

오직 주와 함께 있게 하옵소서

주님이시여, 들어주소서!
빈 그릇은 채워져야 하오니
나의 주님이시여, 채워주옵소서.
주여, 저는 믿음이 약합니다.
저를 강하게 하옵소서.

사랑 가운데서 냉정함을 잃지 않게 하옵소서.
저를 따뜻하게 하시고
이웃을 향해 나갈 수 있도록
저의 사랑을 강렬하게 인도하여 주소서.

저는 강하고 확신하는 신앙이 없습니다.
저는 빈번이 불신하고 주님께 대한 신뢰를
간직할 수 없나이다.
주님이시여, 도우소서!
주님께 두는 제 믿음과 신뢰를 강하게 하옵소서.

제가 지닌 모든 재물은 주님께 바쳤습니다.

저는 비천합니다.

주님은 풍요하시니

가난한 자에게 은혜를 베풀어주소서.

저는 죄인이지만 주님은 정직합니다.

저에게는 죄가 많지만 주님은 정의가 가득할 뿐입니다.

그리하여 저는 은혜를 받기 위해

주님의 품에 남아 있사옵니다.

주여, 저를 아무에게도 버리지 마옵시고

오직 주와 함께 있게 하옵소서. 아멘.

- 마틴 루터 / 독일의 성직자이자 종교개혁자

큰 사람이 되게 하소서

오, 하나님!

모든 하찮은 것으로부터 우리를 지켜주소서.

생각과 말과 행동에서

우리가 큰 사람이 되게 하소서.

남을 흠잡는 일을 그만 두게 하소서.

모든 이기심을 말끔히 떨쳐 버리게 하소서.

모든 겉치레를 벗어 버리고

자기 연민과 편견 없이

서로 얼굴과 얼굴을 맞대게 하소서.

남을 판단하는 일에 절대로 성급하지 않고

항상 관대하게 하소서.

매사에 시간의 공을 들이게 하시며

늘 차분하고 평온하며 온유하게 하소서.

우리 마음속에 있는 좋은 생각들을

행동으로 옮기는 법을 가르쳐주시고
늘 올바르고 두려움 없이 살게 하소서.

사람들 사이에 차이점을 만드는 것이
실상은 삶의 지극히 사소한 것들이라는 것을,
삶의 커다란 것들 안에서 우리는 하나라는 것을
깨닫게 하소서.
그리고 오, 주 하나님!
우리가 남에게 친절하기를 잊지 않게 하소서.

- 메리 스튜어트 / 16세기 스코틀랜드의 여왕

마음이 열려 있게 하소서

오, 하나님!
나로 하여금 순전한 마음으로
예수님을 따르고 섬길 수 있도록
마음에 큰 자유를 주소서.
그의 모범을 주목하고
그의 규례를 지킬 수 있도록
언제나 준비하고 마음이 열려 있게 하소서.

내가 최고의 사려 깊음, 위대한 순결,
세상으로부터의 위대한 분리와
큰 자유를 얻을 수 있도록
나를 도우시며
주 예수 그리스도에 대한 확고하고도
불변한 믿음을 주소서.

나로 하여금 나의 재능을 오용하거나

재능 개발을 게을리 하는 방식으로
일상사를 처리하지 않게 하시며
욕망 없이 노력하게 하소서.
야심 없이 부지런하게 하소서.

모든 사소한 일에 성패가 달려 있다고 생각하고
모든 일을 꼼꼼히 하되
그러면서도 모든 일을 주님께 맡기고
여전히 모든 선행에 관한 칭찬을
주님께 돌리게 하소서.

- 수산나 웨슬리 / 감리교의 창시자 존 웨슬리의 어머니

오, 주여!
거의 한 달이 되었습니다.
저는 그 과부를 위해
매일 같이 신실하게 기도하였습니다.
이십사 일간을.

당신의 뜻을 그녀의 생활에 나타내 주옵소서.
저는 저의 약속을 지키겠나이다.
저는 제 자신의 필요에 대해서는
한마디도 말하지 않겠습니다.

저는 돈에 대해서는
어떠한 남자나 어떠한 여자에게도
구걸하지 않겠습니다.

그러나 주여,

그 과부에게 길을 보여주소서.

만일 그녀가 유산받은 돈을

바로 고아원에 기부하기만 한다면

저는 실로 그녀가 많은 축복을 받으리라 믿습니다.

- **조지 뮬러** / 유산을 어떻게 투자할지 몰라 고민하는 과부를 위한 중보기도

>>> Prayer 7 _ 주님의 뜻을 구하는 기도

주님의 뜻이어든

주여, 이것이 만일 당신의 뜻이옵거든
당신의 뜻대로 이루어지게 하소서.

주여, 그렇게 되는 것이 당신을 영광되게 한다면
당신의 이름으로 그렇게 되게 하소서.

주여, 만일 당신께서 그것을 좋다고 보신다면
그것이 나에게도 유익하게 해주시옵고
나로 하여금 당신에게 영광되게
그것을 사용할 수 있도록 해주소서.

그러나 만일 그것이 나에게 해로울 것이고
나의 영혼의 건강에 유익하지 않을 것으로 보신다면
그러한 소원은 어떤 것이든 나에게 앗아가주소서.

- 토마스 아 켐피스 / 「그리스도를 본받아」의 저자

말씀대로 살게 하소서

주님!
성경을 우리 마음판에
더 온전히 기록하여 주시길 기도합니다.
진리를 알아
그 진리로 자유케 되길 원합니다.
그 진리로 우리로 거룩하게 되길 원합니다.

오, 하나님께 합당한 삶을 우리 안에 이루어줄
살아 있는 씨앗이 우리에게 있게 하시옵소서.
그래서 죽은 자의 하나님이 아니라
살아 있는 하나님이신 것을 기억하면서
우리의 모든 삶이
하나님께 드려지게 하시옵소서.

주님!
저희가 곁길로 갈 때마다

주의 말씀이 우리를 바로 잡고
한순간이라도 어둠으로 끌려갈 때
빛이 되게 하시길 간절히 기도합니다.
주의 말씀으로 온전히 다스림을 받게 하옵소서.
가장 작은 일에서부터 하나님의 뜻을 행하기 원하고
모든 생각이 하나님의 영의 생각에 사로잡혀
어떤 점에서도 말씀에 순종함으로
우리 자신을 포기 할수 있게 하여 주시옵소서.
하나님의 백성을 축복 하시되
하나님의 진리의 말씀으로 흠뻑 적셔 주시옵소서.

주님!
주의 백성들이 세상에 많이 있습니다.
그러나 세상이 그들을 주님으로부터 떼어 놓지 못하게 하소서.
세상에 살면서도 세상에 묻히지 않고
세상을 밟고 일어서서
항상 물질적인 것을 초월하여 영적인 승리를 갖게 하소서.
오! 우리가 불경건한 세대 가운데 있을 때
하나님의 말씀으로 우리를 지켜주소서.
잠언의 말씀이 지혜를 공급하고
시편의 말씀이 위로를 주며

서신의 말씀들이 하나님의 나라에서 행할 바를
깊이 가르치게 하소서.

주님!
더 높은 삶을 가르쳐주시되 곧 시작하게 하옵소서.
늘 배움의 학교에 있으면서
제자가 되게 하시고 세상에 나갔을 때
예수님의 발 아래서 배운 것을 실습하게 하시옵소서.

주님이 어둠 속에서 말씀하신 바를
우리가 빛 가운데서 외치게 하시고
세상에 나갔을 때
예수님의 발 아래서 배운 것을
실습하게 하시옵소서.

주님이 어둠 속에서 말씀하신 바를
우리가 빛 가운데서 외치게 하시고
주님이 골방에서 우리 귀에 속삭이신 것을
지붕 꼭대기에서 외치게 하소서.

- 찰스 H. 스펄전 / 설교의 대가로 불리는 영국 침례교 목사

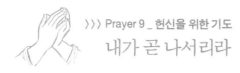

내가 곧 나서리라

나의 주, 나의 구세주시여!
무엇을 위해서든지 나를 써주시옵소서.
어떤 일에든지 나를 쓰시고 어떤 방법으로든지
주께서 나를 요구하소서.

여기 내 가난한 심령이 있사오니
빈그릇인 나를 주의 영광으로 채워주옵소서.
여기 죄스럽고 빈곤한 내 심령이 있사오니
그것을 뒤엎고 주의 사랑으로 새롭게 하옵소서.
주님께 내 마음을 드립니다.
내 입으로 주님의 영광을 널리 알리게 하옵소서.

주님을 의지하는 백성들을 위하여
내 생명과 내 힘을 드리옵니다.
결코 흔들림 없는 확고부동함과
내 신앙의 신뢰가 강하여지게 해주시옵소서.

그리하여 마음으로부터

"예수님이 나를 필요로 하시오니 내가 곧 나서리라"는

고백이 가능하게 하시옵소서. 아멘.

- D. L. 무디 / 미국 침례교 부흥 전도자

새벽에 드리는 기도

오, 주님!
주님을 찬양하며 경배합니다.
이 새벽에 드리는 기도로 오늘의 경배가
끝나는 것으로 생각하지 말게 하시고
종일 주님을 잊지 않게 하소서.

이 고요한 순간에 빛과 기쁨과 능력이
이 한낱 모든 시간을 통해 내게 있게 하시며
생각에 정숙을
말에는 절제와 진실이 있게 하시고
일에는 근면과 성실을
나 자신의 평가에는 겸손이 있게 하시며
남에게는 존경과 관대로
과거 모든 거룩한 기억을 충실히
간수하게 하소서.

주님의 어린아이인 나로 하여금
영원하신 하나님께 마음을 두게 하소서.
과거 수많은 세대를 통하여
나의 선조들께 피난처가 되어주신
하나님이시여!
오늘 내게 주신 시간 시간과 범사에도
피난처 되어주소서.

암흑과 의심을 통해서도
나의 안내자가 되어주시며
내 영혼의 행복을 위협하는
많은 위협에 맞서는 방패가 되어주소서.
나의 시련 중에 힘이 되어주시며
내 심령 위에 주의 평강을 드리워주소서.

- 존 베일리 / 스코틀랜드 신학자

저녁에 드리는 기도

오, 하나님!
지금 내게 당신의 능력과
영광에 대한 감각을 주셔서
이 세상의 모든 사물을
진정한 모습에서 볼 수 있게 하소서.

하루가 천년 같고 천년이 하루 같다는 사실에 대해서
제가 무지하지 않게 하소서.
지금 제가 성취한 것들에 대한 자부심을 없앨
당신의 완벽한 거룩함에 대해 이해하게 하소서.

제금 제게 그보다 못한 모든 아름다움에
만족하지 못하게 만들 당신이 스스로 존재하는
아름다움에 대한 비전을 주소서.

- 존 베일리 / 스코틀랜드 신학자

저를 지켜주소서

주님!
정신적으로 영적으로 둔감하고
어리석어지는 것으로부터 저를 지키소서!

날마다 자기를 부인하고 십자가를 지고 당신을 따르는 사람,
즉 그렇게 훈련된 경주자에게 필요한
정신적, 영적, 체력적인 특성을 지닐 수 있도록 저를 도우소서.

저의 일에 성공을 주시되 교만하지 않도록 도우소서.
너무도 자주 성공과 번영 뒤에 수반되는
자기만족으로부터 저를 구하소서.
육체적인 무기력함과 쇠잔함이 밀려 올 때라도
영적인 나태와 방관함에서 저를 건지소서.

- 사무엘 로간 브랭글 / 20세기 초 성결의 교사로 불리던 구세군 전도자

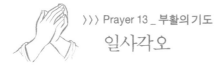

>>> Prayer 13 _ 부활의 기도
# 일사각오

주님은
나를 위하여 십자가에 달리셨습니다.
머리에 가시관,
두 손과 두 발은 쇠못에 찢겨져
최후의 피 한 방울까지 쏟으셨습니다.

주님,
나를 위해 죽으셨거늘
내 어찌 죽음이 무서워
주님을 모른 채하오리까?
일사각오가 있을 뿐입니다.

십자가에 죽으시고
무덤 속에서 3일 만에 부활하신 주님,
사망의 권세를 이기신 예수여!
나도 부활을 믿고 사망의 권세를

내 발 아래에 밝게 하시옵소서.

죽음아, 네 쏘는 것이 어디 있느냐!
나는 부활하신 예수를 믿고
나도 부활하리로다.
아멘, 할렐루야.

주기철 / 징로교 목사, 민족계몽운동가

이 어려움을 극복하게 하소서

주 하나님!
크나큰 어려움이 내게 닥쳐왔습니다.
근심이 나를 쓰러뜨리려 합니다.
어떻게 해야 할지 나는 알지 못합니다.
하나님의 은혜로 나를 도우소서.
두려움이 나를 지배하지 못하게 하소서.
아버지처럼 나의 가족인
아내와 자식을 돌보아주소서.

자비하신 하나님!
당신에게 대하여, 그리고 사람들에게 대하여
내가 범한 모든 죄를 사해주소서.
당신의 은혜를 믿으며
당신의 손에 내 모든 생을 맡깁니다.
당신의 뜻에 맞도록 또한 내게 유익함이 되도록
나를 다루어주소서.

나의 주, 나의 하나님!
살든지 죽든지 나는 당신 아래 있으며
당신께서는 나와 함께 계십니다.
주여, 당신의 구원과 그 나라를
나는 기다리며 바랍니다.

- 디트리히 본회퍼 / 독일 루터교회 목사이자 신학자

우리에게 베풀어주소서

오, 하나님!
이른 새벽에 우리는 당신께 부르짖습니다.
우리의 생각을 당신께 집중시켜
당신을 예배드릴 수 있도록 도와주소서.

우리 혼자서는 이것을 할 수 없습니다.
우리 안에는 짙은 어둠이 깃들어 있습니다.
그러나 당신께는 빛이 있습니다.
우리는 외롭고 쓸쓸합니다.
그러나 당신은 우리를 떠나지 않으십니다.
우리의 마음은 연약하기 그지없습니다.
그러나 당신께서 우리를 도와주십니다.
우리는 한시도 마음이 편치 않습니다.
그러나 당신께는 평안이 있습니다.

우리 안에는 쓰라린 비통함이 있습니다.

그러나 당신께는 인내가 있습니다.
우리는 당신의 길을 알지 못합니다.
그러나 당신은 우리를 위한 길을 알고 계십니다.
우리를 자유에로 회복시켜 주소서.
오늘 하루를 당신과 사람들 앞에서
책임감 있게 살아갈 수 있는 능력을
우리에게 베풀어주소서.

- 디트리히 본회퍼 / 독일 루터교회 목사이자 신학자

도와주소서!

오, 하나님!
누구나 하기가 매우 어려운 일을
제가 하고자 할 때
도와주시기를 원합니다.
제가 하고 싶어 할 때
순종하게 하옵소서.

제가 지치고 용기를 잃어 포기하려 할 때
인내를 주옵소서.

제가 밖에 나아가서 놀고 싶어 할 때
공부하게 하옵소서.

가정일이 귀찮고 하기 싫을 때
가정일을 돕게 하옵소서.

흥분해서 생각나는 대로 지껄이고 싶어 할 때
마음의 평정을 주옵소서.

저의 마음이 상하고 아프고
슬픈 마음이 들 때에 용서 하옵소서.
이 모든 일을 도와주옵소서.

언제나 당신께 순종함으로
행복을 발견하도록 도와주옵소서.

- **윌리엄 바클레이** / 성경 주석가이자 성경비평학 교수

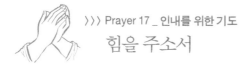

힘을 주소서

오, 하나님!
제가 견디기 어려운 일에도 잘 견뎌 낼 수 있도록
힘을 부어주옵소서.

고통과 불평을 말하지 말고
마음으로 견디어 내게 하시옵소서.
성공하기까지 계속할 수 있는 인내를 주시고
실패도 견디어 내게 하시옵소서.
괴로워하거나 노여워하지 말고 실망에도 잘 견디어 내게 하옵소서.

기다리기를 배우고 인내로 늦어지는 것을 견디어 내게 하옵소서.
성내지 말고 비판에 견디어 내게 하옵소서.
패배를 변명하지 말고
참고 견디어 낼 수 있도록 도와주소서.

- 윌리엄 바클레이 / 성경 주석가이자 성경비평학 교수

듣는 법을 가르쳐주소서

주님!

나에게 듣는 법을 가르쳐주소서.

이 시대는 소란하고

내 귀는 계속적으로 귀를 울리는

많은 거슬리는 소리로 인하여 지쳐 있습니다.

사무엘이 당신께 "말씀하시옵소서. 당신의 종이 듣겠나이다"라고

말할 때에 지니고 있던 영을 나에게 주시옵소서.

당신께서 내 심령에 하시는 말씀을 듣게 하옵소서.

나로 당신의 음성에 익숙하게 하여 주시옵소서.

땅의 소리들이 사라질 때에

당신의 어조가 나에게 친밀한 것이 되게 하시고

당신께서 말씀하시는 음성만이

음악처럼 울려 퍼지게 하옵소서. 아멘.

- A. W. 토저 / 미국의 대표적인 복음주의 목회자

세상을 분별하는 지혜를 주소서

하나님이여!

나에게 내가 변화시킬 수 없는 일에 대해서는

그것을 받아들일 수 있는 평정을 주시고

내 힘으로 고칠 수 있는 일에 대해서는

그것을 고칠 수 있는 용기를 주시며

그리고 이 두 가지 사이를 깨달아 알 수 있는

지혜를 허락해 주시옵소서.

한 번에 하루만 살게 하소서.

한 번에 한순간만 즐기게 하소서.

역경을 평화의 통로로 받아들이게 하소서.

당신께서 그러하셨듯이

이 죄 많은 세상을 제가 원하는 식으로가 아니라

그 모습 그대로 받아들이게 하소서.

당신께서 만사를 바르게 하실 것임을

신뢰하게 하소서.

제가 당신의 뜻에 굴복한다면

저는 이 땅의 삶에서 행복할 것입니다.

그리고 내세에서는

당신과 영원히 함께 있으면서 말할 수 없이

행복할 것입니다.

- 라인홀더 니버 / 20세기를 대표하는 기독교 윤리학자

나를 지배하소서

주 예수 그리스도시여!
나는 내가 죄인임을 인정합니다.
나는 많은 잘못된 것을
행했으며
말했으며
그리고 생각했습니다.

나는 회개를 통하여 나의 죄들을 배척합니다.
나는 나를 위하여,
나의 죄들을
주님 자신의 몸에 짊어지시기 위하여,
그리고 나의 죄들이 받아
마땅한 형벌을 받으시기 위하여 죽으신
주님께 감사드립니다.

이제 나는 문을 엽니다.

주님 예수시여,

들어오소서!

나의 구세주로 들어오시어서

나를 깨끗하게 해주소서.

나의 주인으로 들어오시어서 나를 지배하소서.

그리고 당신의 능력을 힘입어

나는 평생 동안 다른 그리스도인들과

교제를 나누면서 주님을 따르고 섬기겠나이다.

- 존 스토트 / 기독교 복음주의 운동의 거장

>>> Prayer 21 _ 기도하는 법을 가르쳐 달라는 기도

기도하는 법을 가르쳐주소서

당신의 아들 예수 그리스도를 통하여
인간들이 나약해질 것이 아니라
항상 기도해야 된다는 것을 말씀하셨던
우리의 하늘나라 아버지시여!

기도하는 법을 우리에게
가르쳐 주시옵기를 간구 드리나이다.
우리 영혼은 원하오나
우리의 육신이 약하옵나이다.
날마다 당신의 보좌에 나아가
당신의 얼굴을 구할 수 있도록
우리에게 은총을 베풀어주소서.

그리고 우리의 필요한 것을 위해
관심을 기울이는 것만큼
당신의 영광을 위해 관심을 기울이게 해주소서.

그리고 우리의 모든 생활이

당신의 존전에 상달되고

모든 호흡이 기도가 될 때까지

감사의 기도와 간구를 통해

우리의 요청들을 당신에게 아뢰게 하옵소서.

우리의 속전 되시고 우리의 중보자 되시는

당신의 아들 예수 그리스도의 이름으로 비옵나이다. 아멘.

- 존 스토트 / 기독교 복음주의 운동의 거장

믿음의 다중 초점 렌즈

우리 선조들의 하나님!
우리 하나님!
이 시대가 아무리 어둡고 불확실하지만
궁극적인 의의 승리를 믿는 믿음을 주시옵소서.
우리에게 믿음을 다중 초점 렌즈를 주시옵소서.
즉 이 시대의 절망 과 궁핍함을 보는 동시에
친히 만드신 세상에서 자기의 계획대로 행하시는
하나님의 인내를 볼 수 있게 해주시옵소서.

우리의 화폐에 새겨진 표어의 의미를
당신의 종들이 해석하는 일을 도와주시옵소서.
오늘 우리를 도와주시사
당신이 행하라고 하신 일을 행하며
행해서는 안 된다고 하신 일을 행하지 않는
정직한 믿음을 주시옵소서.

당신께서 말씀하신 것을 하나도 행하지 않으면서
우리가 어떻게 당신을 믿는다거나
믿고 싶다고 말할 수 있겠습니까?
우리가 행하는 일속에
우리의 믿음이 나타내게 해주시옵소서.
우리 주 예수 그리스도의 이름으로 기도합니다. 아멘.

- 피터 마샬 / 미국의 역사상 가장 사랑받는 상원 원목중에 하나로서 1947년 11월 24일 미국 상원에
  서 행한 "믿음의 다중 초점 렌즈"라는 기도로, 이 기도는 즉시 미국 국민들에게 진한 감
  동을 주었다.

용기를 주소서

하나님!

당신의 아들 예수 그리스도께서 그러하셨듯이

나에게 혁명가가 될 수 있는 용기를 주소서.

이 세상으로부터 나 자신을

자유롭게 할 수 있는 용기를 주소서.

세상 한복판에 우뚝 서서

그 어떤 비난에도

몸을 움츠리지 않는 법을 가르쳐주소서.

하나님!

그것은 당신 나라를 위한 것입니다.

나를 자유롭게 하소서.

나를 이 세상에서 가난하게 하소서.

그러면 나는 진짜 세상에서 부유하게 될 것입니다.

이것이 참된 모습일 것입니다.

하나님!
미래에 대한 환상을 주심을 감사드립니다.
그러나 그 환상이 그저 이론이 아니라
사실이 되게 하소서.

- 헨리 나우웬 / 네덜란드 출신의 영성신학자

주님의 작은 교회로 삼으소서

전능하신 하나님!
우리 두 사람을 한몸 되게 하시고
부부생활을 축복하시며 주님의 창조사업에
동참하게 하시니 감사합니다.
주께서는 우리에게 사랑의 열매를 맺게 하시고
그 기쁨을 함께 나누게 해주셨습니다.
이제 우리는 주님의 지식과 주님께 간구합니다.

전능하신 주님!
저희 자녀들이 주님의 계명을 실천하며
거룩한 교회의 가르침에 따라 살게 해주옵소서.
우리의 언행과 모습들이 자녀들의 심중에 새겨지오니
우선은 저희 들이 올바른 마음으로 주님을 찬송하게 하옵소서.

기쁘거나 슬플 때도 주님의 자녀답게 행동하여
저희 자녀들에게 훌륭한 부모상을 심어주게 하옵시고

부의 권위가 서로 일치하고 항구하게 하옵소서.
사랑 없이 꾸짖거나 매를 드는 일이 없게 하시고
저희 자녀들이 우리를 통하여 주님의 권위를
존중하는 법을 배우게 하여주옵소서.

사랑의 주님!
우리의 집을 주께서 항상 함께하시는 작은 교회로 삼으시고
우리 가족들로 하여금 주님을 찬송하며
사랑의 완성을 지향하게 하여주옵소서.

주님!
주께서 주신 평화 가운데 머물게 하시어
저희 자녀가 주님의 평화를 체험하는
성숙한 인간으로 성장하게 하시며
이웃 사람들로부터 필요한 사람이 되고
남을 위하여 유익한 사람이 되게 하옵소서.
예수님의 이름으로 기도하옵니다. 아멘.

- 헬렌 굿 브레네만 / 미국의 여류작가이자 기독교 교육학 교수

이런 부모가 되게 해주소서

저를 훌륭한 부모가 되게 하소서.
자녀들을 이해 할 수 있게 하시며
자녀들이 말하는 것을 진지하게 듣게 하시며
자녀들의 모든 질문에 부드럽게 대답할 수 있게 하소서.

저로 하여금 그들의 생각을
가로막거나 꾸짖지 말게 하시고
자녀들이 어리석은 행동을 하거나 실수를 할 때
비웃지 않도록 하소서.
그리고 제 자신의 만족이나 권위를 내세우려고
자녀들을 나무라는 일이 없도록 하소서.

매 순간 저의 말과 행동을 통하여
정직함이 옳음을 일깨어줄 수 있게 하시고
제가 기분이 언짢을 때에 저의 입술을 지켜주시며
자녀들이 어린이라는 것을,

자녀들이 어른과 같이 행동할 수 없다는 것을
항상 기억하게 하소서.

자녀들 스스로 결정을 내릴 때까지
기회를 허락하는 참을성을 제게 주시고
자녀들 스스로가 옳고 그름을 판단할 수 있도록 하소서.
저도 정직하고 바르며 친절한 부모가 되게 하시고
존경받고 본이 되는 부모가 되게 하소서.

- 반 부덴 / 기독교 교육학자

잠들기 전에 평안을 주소서

오늘 밤 빛으로 축복하시니
나의 하나님,
능력의 날개 아래 나를 지켜주소서.
오, 나를 지켜주소서.

만왕의 왕이시여!
세상을 살면서 당신에게
지금껏 지은 죄
주여, 당신의 피로 용서하소서.
내 잠들기 전에 평안을 주소서.

내 삶을 가르쳐주소서.
내 잠자리처럼 초라한 무덤이 두렵습니다.
내게 죽음을 가르쳐주소서.
심판 날에 영광스레 일어납니다.

아, 내 영혼 당신 위에 쉬게 하소서.
단장으로 내 눈꺼풀 덮으소서.
악몽으로 뒤척이지 않게 하소서.
악의 힘이 괴롭히지 못하게 하소서.

내가 잠잘 때
주의 파수꾼으로 내 침상 곁에서 지켜주소서.
신령한 사랑 내게 스며들어
모든 악의 길을 막으소서.

복의 근원이신 하나님을 찬양하라.
만물 그 발아래 엎드려 찬양하라.
천국의 주인이신 그를 높이 찬양하라.
성부와 성자와 성령을 찬양하라.

- 토마스 캠벨 / 스코틀랜드 시인이자 장로교 목사

이런 아들로 키워주소서

오 주여, 이런 아들로 키워주소서.

언제 자기가 약한가를 알 정도로 충분히 굳센 아들,

두려움 앞에서도 맞설 수 있을 정도로 용감한 아들,

정직한 패배 앞에서도 굽히지 않고 자부심을 가지며

승리 앞에서 겸손하고 예의 바른 아들,

등뼈가 있어야 할 곳에 차골(叉骨)이 있지 아니한 아들,

당신을 아는 아들 또한 자신을 아는 것이

지식의 받침돌임을 아는 아들이 되게 하소서.

편안과 안위의 길이 아닌

시련과 어려움의 도전 아래 있게 이끌어 주시기를 기도합니다.

폭풍 앞에서 지탱할 수 있게 해주시고

실패한 사람들을 위해 동정을 베풀 줄 알게 이끌어 주옵소서.

이런 아들로 키워주소서.

마음이 깨끗하며 목표가 크고

다른 사람들을 지배하려 하기 전에
자신을 먼저 다스리는 아들,
웃을 줄 알면서도 결코 눈물을 잊지 않는 아들,
미래를 향해 나아가면서도 결코 과거를 잊지 않는 아들,
이 모든 것이 다 갖추어진 후에는 늘 진지하면서도
결코 지나치지 않도록 충분한 유머 감각을
덧붙여 주시기를 기도합니다.

아들이 늘 진정한 위대함의 단순성과
참된 지혜의 개방된 마음,
참된 힘의 온순함을 기억하도록 그에게 겸손을 주소서.
그렇게 되면 그의 아버지인 나는 감히
"내 삶이 헛되지 않았다"라고 말할 수 있을 것입니다.

- 더글라스 맥아더 장군 / 미국의 군인이자 정치가

이런 자녀가 되게 하소서

주님! 당신의 축복이
우리 자녀들 하나하나 위에 머물기를 기도합니다.
당신의 돌보심,
당신께서 베푸시는 일용할 양식,
당신의 평화,
당신의 인도하심,
당신의 비할 바가 없는 선하심을
그들이 알게 되기를 기도합니다.

그들이 당신께 와서 서로에 대한 헌신으로
마음이 늘 견고하여 흔들림 없기를 기도합니다.
그들이 모든 면에서 당신의 온전하심에까지 자라나
당신께서 주신 중요한 사명을
완수하게 되기를 기도합니다.

그들이 그들을 향한

나의 사랑을 알게 되기를 기도합니다.
그들의 아버지나 어머니로서
내가 가지고 있는 최고의 특권을
그들이 알게 되기를 기도합니다.

지금 여기에서 우리가 경험하기 시작한
사랑 안에서 자라는 모든 영원한 것을
당신의 은총으로 말미암아
나의 내 자녀들이
함께 누릴 수 있게 되기를 원합니다.

- 존 예이츠 / 미국의 목회자이자 자녀 양육 전문가